1

Dorothee Peglau

Mach mir den Himmel auf

Für Menschen im Bedenken des Todes

Luther-Verlag

Bibliographische Information der Deutschen Bibliothek

Die Deutsche Bibliothek verzeichnet diese Publikation
in der Deutschen Nationalbibliographie;
detaillierte bibliographische Daten sind
im Internet über http://dnb.ddb.de abrufbar.

ISBN: 3-7858-0486-5

Umwelthinweis:
Dieses Buch wurde auf chlorfrei gebleichtem Papier gedruckt.

Umschlaggestaltung: Media-Team k + p
Titelbild: Dorothee Peglau
Druck und Bindung: ROSCH-Buch, Scheßlitz
Printed in Germany

Inhalt

Vorwort

„Mach mir den Himmel auf" handelt vom Tod und damit zugleich vom Leben. Darum ist es für jedermann gedacht. Es ist kein weiteres Fachbuch zum Thema Sterben – Tod – Trauern, von denen es viele lesenswerte Bücher gibt. „Mach mir den Himmel auf" erzählt Geschichten vom Leben und Sterben und von der Wirklichkeit, die beides umgreift.

Da ich Pfarrerin bin, sind es Geschichten, die ich bei Beerdigungen erzählt habe. Ich habe nach-gefragt, nach-gehört, nach-erzählt. Biografien im Kurzformat. Einzelporträts, die von Texten, die das Leben schrieb, gerahmt sind.

„Mach mir den Himmel auf" erzählt von der Hoffnung, die über den Tod hinausgeht, um das Leben hier und jetzt dankbar zu genießen, verantwortlich zu gestalten und wenn es an der Zeit ist, es fröhlich los- und verwandeln zu lassen.

> *Beim Einschlafen denke ich manchmal: Was wird mit mir sein, wenn ich nicht mehr aufwache? Ich denke mir oft, dass ich vor der Geburt von meiner Mutter umgeben war, in ihrem Leib, ohne sie zu kennen. Dann brachte sie mich zur Welt, und ich kenne sie nun und lebe mit ihr. So, glaube ich, sind wir als Lebende von Gott umgeben, ohne ihn zu erkennen. Wenn wir sterben, werden wir ihn erfahren so wie ein Kind seine Mutter, und mit ihm sein. Warum soll ich den Tod fürchten?*
>
> **Carl Zuckmayer**

Hinführung: Beerdigungen gehören mitten ins Leben

Beerdigungen gehören mitten ins Leben. Irgendwann begegnet uns Menschen der Tod: in der Nachbarschaft, in der Familie, im Freundeskreis, im Kollegenkreis. Der Tod stört, unterbricht die gewohnten Abläufe, kommt ungelegen. Er springt uns an. Wir spüren, das Leben auf dieser Erde ist begrenzt. Es bleibt nicht alles, wie es zur Zeit gerade ist. Jemand, mit dem wir in Beziehung standen, gibt keine Resonanz mehr. Ungefragt wird diese Beziehung beendet. Manchmal hat dieses Ende durch einen persönlichen Abschied voneinander eine Form bekommen. Bei manchen hört die Beziehung durch den Tod einfach mittendrin auf. Das kann uns fassungslos machen. Erschüttert merken wir dieses Abgebrochene, ahnen die Lücke, die bleiben wird, die ungestellten Fragen, die nicht mehr zu erwartenden Antworten.

Zugleich atmen wir auch auf. Es hat einen anderen getroffen, wir sind noch einmal davongekommen. Wir vergewissern uns, dass wir selbst noch am Leben sind. Manchmal ist die Begegnung mit dem Tod ein starker Impuls, das eigene Leben klarer, bewusster wahrzunehmen. Manchmal folgen daraus neue Lebenskraft und Mut zur Veränderung.

Der Tod in unserer Nähe hat aber auch eine dunkle Seite. Wenn Menschen aus unserer Nähe sterben, verlieren wir mit ihnen oft auch uns selbst. Wir sind uns selber fremd in unseren starken Gefühlen, in manchen Gedanken, die uns verboten und ungerecht vorkommen. Einsamkeit, Depression, verlorener Appetit und Lebensmut lassen uns den Verlust deutlich spüren. Jeder Tod stellt uns in eine neue Situation. Wir können es nicht im Vorhinein üben, wie es sein wird, wenn jemand aus unserer Umgebung nicht mehr da ist. Zu trauern kostet Kraft und Mut. Es ist eine große Aufgabe, sich innerlich und äußerlich darauf einzustellen, von nun an ohne diesen Menschen zu leben. Das

Potential, diese Aufgabe zu bewältigen, ist uns Menschen mitgegeben.

Wie an anderen Schnittstellen des Lebens kann der christliche Glauben durch seine Inhalte und Formen dabei helfen. Die christliche Beerdigung bietet einen liturgisch-rituellen Rahmen dafür an. Als ein bedeutender Schritt auf dem Trauerweg geschehen in ihr

- das öffentliche Gedenken und Wertschätzen des verstorbenen Menschen,
- die Tröstung der Trauernden und
- die Vergewisserung unserer Hoffnung, die über den Tod hinausgeht.

Alle drei Elemente sind aufeinander bezogen.

Den Begriff Beerdigung kann man enger oder weiter fassen. Das engere Verständnis bezieht sich auf den Trauergottesdienst mit anschließender Beisetzung auf dem Friedhof und ggfs. anschließendem Leichenschmaus. Weiter gefasst kann man auch den Trauerbesuch bei den Angehörigen sowie einen Kontakt nach der Beerdigung mit dazuzählen.

Im Folgenden beziehe ich mich auf den enger gefassten Begriff von Beerdigung.

Zur Vertiefung: ein wenig Theorie

Die Dynamik einer Beerdigung lässt sich mit einer Erweiterung von *Schleiermachers homiletischem Dreieck* zu einem Tetraeder beschreiben. Nach Schleiermacher repräsentieren die drei Ecken eines Dreiecks die Pole, die bei einer Predigt von Bedeutung sind: die Adressaten oder die Hörergemeinde, der Inhalt oder das Evangelium und der/die Prediger/in. Alle Pole sind voneinander unterschieden, stehen aber zueinander in Beziehung. Die Vorbereitung dient dazu, jeden Pol sorgfältig wahrzunehmen, zu reflektieren und nachzuvollziehen, wie die Pole sich aufeinander beziehen. Je nach Situation kann der eine oder andere Pol akzentuiert werden.

Bei der Beerdigung kommt als vierter Pol der/die Verstorbene noch hinzu, sodass aus dem Dreieck ein Tetraeder wird, ein geometrischer Körper mit vier Ecken, die alle miteinander in direkter Verbindung stehen. Die vier Pole heißen beim Beerdigungsgottesdienst:

1. der/die Verstorbene
2. die Trauergemeinde
3. das Evangelium
4. die Beziehung des Pfarrers/der Pfarrerin zum Tod.

Im Folgenden werden einige Grundgedanken zu den einzelnen Punkten skizziert.

1. Das letzte Wort über einem Menschenleben gehört allein Gott, dem Herrn. Eine Beerdigungspredigt geht von der Imago Dei, der Gottebenbildlichkeit des Menschen, aus. Sie sucht nach Spuren der Nähe Gottes in einer Biografie. Manchmal mag es schwer erscheinen, sie zu entdecken. Was wir wirklich über einen Menschen wissen, ist sehr wenig. Was ihn in seiner

Tiefe, in seinem Innersten bewegt hat, was in seiner Todesstunde in ihm vorging, wie seine Hoffnung, seine Furcht, sein Gewissen aussahen, können wir oft nur vermuten, ahnen, aus unseren Beobachtungen ableiten. Ein altes Sprichwort heißt: „De mortuis nihil nisi bene." – „Über die Verstorbenen nichts, es sei denn in guter Weise." Es heißt bewusst „bene" (auf gute Weise) und nicht „bonum" (Gutes). „Auf gute Weise" kann man auch über Problematisches in einer Biografie sprechen, wenn es denn notwendig ist. Man kann auch sagen, ein Menschenleben vom Evangelium her betrachten. Das verbindet den 1. und 2. Punkt miteinander.

2. Die Trauernden befinden sich zwischen Schmerz und Erleichterung, Erschütterung und Dankbarkeit, Schuldgefühlen und Liebe, Ordnung und Fassungslosigkeit. Anschaulich berichtet C. S. Lewis in seinem Büchlein „Über die Trauer. Ein Begleiter für schwere Stunden"[1] von seinen eigenen Trauererfahrungen nach dem Tod seiner Frau (s. Literaturverzeichnis). Die Beerdigungsfeier nimmt neben der Erinnerung und der Würdigung der Verstorbenen die Situation der Trauernden in den Blick und verleiht ihr angemessen Ausdruck.

Als Vorbereitung dazu dienen das Trauergespräch sowie die Beziehung, die – falls vorhanden – vorher zwischen Pfarrer/in und dem/der Verstorbenen bestanden hat. Vergangenheit, Gegenwart und Zukunft derjenigen, die vom Tod betroffen sind, werden vom Evangelium her gesehen. Das führt zum 3. Punkt.

3. Das Evangelium von der Auferstehung Jesu Christi von den Toten wurde zuerst auf einem Friedhof verkündet. „Was sucht ihr den Lebenden bei den Toten? Er ist nicht hier, er ist auferstanden" (Lukas 24,5). Somit ist die Trauersituation der „Ur-Sitz im Leben" des österlichen Evangeliums. „Wir wollen euch aber nicht im Ungewissen lassen über die, die entschlafen sind, damit ihr nicht traurig seid wie die andern, die keine Hoffnung haben" (1. Thessalonicher 4,13). Gegen die Wirk-

lichkeit des Todes setzt der Glauben die Hoffnung auf die Auferweckung der Toten durch Gott selbst. „Denn wenn wir glauben, dass Jesus gestorben und auferstanden ist, so wird Gott auch die, die entschlafen sind, durch Jesus mit ihm einherführen" (1. Thessalonicher 4,14). Wo unsere menschlichen Möglichkeiten begrenzt sind, glauben die Christen über den Tod hinaus: Gottes Macht reicht über die Todesgrenze hinaus. Die uns vorangegangen sind, schauen mehr als wir Irdischen. Sie schauen Gott selbst, sehen wie er ist. Sie werden in ihrem Innersten erkannt und anerkannt. Sie gehen in die große Verwandlung ein.

4. Beerdigungen sind für den Pfarrer/die Pfarrerin eine Herausforderung. Die Begegnung mit dem Tod eines Menschen fordert die eigene Einstellung zum Tod heraus. Was kommt nach dem Tod? Kommt überhaupt etwas? Leben die Verstorbenen nur in den Erinnerungen der Zurückbleibenden weiter? Kann ich für die Verheißungen der Heiligen Schrift einstehen? — Welche persönliche und theologische Prägung haben Sterben und Tod in der Biografie des Pfarrers/der Pfarrerin?

Die Gemeinschaft mit Trauernden weckt die eigene, oft unterdrückte Trauer früherer Verluste und gegenwärtiger Erfahrungen. Sie schärft zugleich die Wahrnehmung, Vertröstung und Trost voneinander zu unterscheiden.

Der Trauergottesdienst ist eine der vornehmsten Aufgaben der christlichen Gemeinde. Theologisch und existentiell fokussiert er Tod und Auferstehung des Christus und der Christen. „Der Tod ist verschlungen vom Sieg" (Jesaja 25,8; 1. Korinther 15,54).

Abschied – Psalm 37,5

Befiehl dem Herrn deine Wege
und hoffe auf ihn, er wird's wohlmachen
und wird deine Gerechtigkeit heraufführen wie das Licht
und dein Recht wie den Mittag.
Sei stille dem Herrn und warte auf ihn.
Entrüste dich nicht, damit du nicht Unrecht tust.
Bleibe fromm und halte dich recht;
denn einem solchen wird es zuletzt gut gehen.
Der Herr hilft den Gerechten,
er ist ihre Stärke in der Not.

Psalm 37 / EG 719

Wir wollen euch aber, liebe Brüder, nicht im Ungewissen lassen über die, die entschlafen sind, damit ihr nicht traurig seid wie die andern, die keine Hoffnung haben. Denn wenn wir glauben, dass Jesus gestorben und auferstanden ist, so wird Gott auch die, die entschlafen sind, durch Jesus mit ihm einherführen. Denn das sagen wir euch mit einem Wort des Herrn, dass wir, die wir leben und übrig bleiben bis zur Ankunft des Herrn, denen nicht zuvorkommen werden, die entschlafen sind. Denn er selbst, der Herr, wird, wenn der Befehl ertönt, wenn die Stimme des Erzengels und die Posaune Gottes erschallen, herabkommen vom Himmel, und zuerst werden die Toten, die in Christus gestorben sind, auferstehen. Danach werden wir, die wir leben und übrig bleiben, zugleich mit ihnen entrückt werden auf den Wolken in die Luft, dem Herrn entgegen; und so werden wir bei dem Herrn sein allezeit. So tröstet euch mit diesen Worten untereinander.

1. Thessalonicher 4,13 – 18

Liebes Ehepaar T., liebe Angehörigen, liebe Trauergemeinde!

Angesichts des Todes Ihrer Schwester, Frau B. K. geborene A., versammeln wir uns hier im Namen des dreieinigen Gottes. Wir werden uns bewusst, dass das Leben begrenzt ist, dass uns Jahre und Tage und Stunden geschenkt sind, dass wir letztlich unser Leben nicht in Händen haben. Wir besinnen uns darauf, dass alles Leben von Gott kommt und auch wieder zu ihm zurückkehrt.

Frau B. K. wurde 1912 in H. geboren. Ihr ganzes Leben lang ist sie ihrer Heimat treu geblieben. Zur Heimat gehörte für sie die hiesige Landschaft, dazu gehörten viele Menschen, die sie kannte und liebte und zu denen sie bis in ihr hohes Alter hinein Kontakt hielt, und dazu gehörte ihr Glauben an den lebendigen Gott – dieses Verwurzeltsein in einem Höheren.

Frau K. war bekannt und geschätzt als eine freundliche, wache, interessierte Frau. Sie engagierte sich gern bei der Frauenhilfe, beim Roten Kreuz und in ihrer Wandergruppe. Es war ihr gegeben, Freundschaft zu anderen Menschen zu hegen und zu pflegen. Aber sie kannte auch die dunklen Stunden des Lebens: als ihr Mann lange in Kriegsgefangenschaft bleiben musste und an den Folgen sein Leben lang zu leiden hatte; sie musste mit ihrer eigenen Krankheit leben lernen und relativ früh für sich selber einstehen, nachdem ihr Mann verstorben war. 25 Jahre lang hat sie bei der Lederfabrik im Büro gearbeitet.

Sie entschied für sich, in das neu gebaute Haus mit altersgerechten Wohnungen zu ziehen. Von da aus zog sie nach vielen Jahren ins Altenheim, wo sie sich wohl gefühlt hat. Regelmäßig bekam sie Besuch von ihren Verwandten, von Bekannten und Freundinnen aus alter Zeit. Rege nahm sie Anteil an dem, was passierte und was gefeiert wurde.

Der Tod war für Frau K. kein Tabu. Schon früh hat sie für den Fall ihres Todes ihre Angelegenheiten geordnet und verfügt. Für ihre Beerdigung hatte sie ihre Wünsche aufgeschrieben. Aus ihrem Glauben heraus konnte sie der Wirklichkeit des Todes entgegensehen. Am Erntedankfest ist sie dann gestorben. Vielleicht passt dieser Tag zu ihrem Leben: Sie hatte die Gabe zu geben, zu schenken, für andere da zu sein. Der Erntedanktag erinnert uns daran zu danken für das, was uns zur Verfügung steht. Und als Konsequenz aus dem Beschenktsein, es mit anderen zu teilen, großzügig weiterzugeben.

Der Vers, der auf der Traueranzeige steht, lag bei ihren Unterlagen:

> *Befiehl dem Herrn deine Wege und hoffe auf ihn, er wird's wohlmachen. (Psalm 37,5)*

Dieser Vers hat Frau K. seit ihrer Trauung begleitet. Gott seine Wege anbefehlen, die guten und die schweren. Und dann ihm auch den letzten Weg anbefehlen, den Weg ins Sterben, den uns keiner abnehmen kann. Ihre Schwester war gut begleitet von den Schwestern der Station, von ihrer Nichte, die bis zum Schluss bei ihr geblieben ist, von den Gebeten, die für sie zum Himmel aufstiegen. Sie konnte in ihrem Zuhause sterben, ohne Schmerzen und nicht allein.

Nun ist Frau K. heimgegangen. Ein langes Leben hat sich geschlossen. Sie müssen von ihr Abschied nehmen. Ihr Platz wird leer bleiben.

Wir feiern Gottesdienst, weil wir eine Hoffnung haben, die über den Tod hinaus geht. Christlicher Glaube schaut angesichts des Todes auf den lebendigen Gott, der Christus von den Toten auferweckt hat. Und so wie er Christus auferweckt hat, so wird er auch unsere Toten zum ewigen Leben auferwecken. Auf diese Verheißung hin ist Frau B. K. getauft worden. Auf diese Verheißung hin ist Frau K. vor ihrem Tod gesegnet worden.

Auf diese Verheißung hin ist sie dann gestorben. Dieses Versprechen von Gott wird durch den Tod nicht ausgelöscht, denn Gottes Macht reicht über den Tod hinaus.

Nun ist Ihre Schwester heimgegangen in das ewige Haus bei Gott, wo ihre Schmerzen und Leiden ein Ende haben, wo sie eine ewige Heimat in der Nähe Gottes hat, von wo sie niemand mehr vertreiben kann. Möge Sie diese Perspektive in der Zeit der Trauer trösten. Amen.

Zum ersten. Weil der Tod ein Abschied ist von dieser Welt und all ihrem Treiben, ist es nötig, dass der Mensch sein zeitlich Gut ordentlich verteile, wie es sein muss oder wie er es anzuordnen gedenkt, damit nicht bleibe nach seinem Tod Ursache für Zank, Hader oder sonst einen Irrtum unter seinen zurückgelassenen Freunden. Und dies ist ein leiblicher oder äußerlicher Abschied von dieser Welt, und es wird Lebewohl und Abschied gegeben dem Gut.

Martin Luther[2]

In Fülle – Psalm 23

*Ich will dich erheben, mein Gott, du König,
und deinen Namen loben immer und ewiglich.
Der Herr ist groß und sehr zu loben,
und seine Größe ist unausforschlich.
Kindeskinder werden deine Werke preisen
und deine gewaltigen Taten verkündigen.
Gnädig und barmherzig ist der Herr,
geduldig und von großer Güte.
Dein Reich ist ein ewiges Reich,
und deine Herrschaft währet für und für.
Der Herr ist getreu in all seinen Worten
und gnädig in allen seinen Werken.
Der Herr hält alle, die da fallen,
und richtet alle auf, die niedergeschlagen sind.
Aller Augen warten auf dich,
und du gibst ihnen ihre Speise zur rechten Zeit.
Du tust deine Hand auf
und sättigst alles, was lebt, nach deinem Wohlgefallen.
Der Herr ist nahe allen, die ihn anrufen,
allen, die ihn ernstlich anrufen.
Er tut, was die Gottesfürchtigen begehren,
und hört ihr Schreien und hilft ihnen.*

Psalm 145 / EG 761, 1 – 2

Liebe Familie O., liebe Trauergemeinde!

Frau S. G. geborene A. ist tot. Wir kommen hier zusammen, um ihrer vor Gott und den Menschen zu gedenken, um Tod und Trauer unter das Wort Gottes zu stellen und Frau G. das letzte Geleit zu geben.

Frau S. G. wurde am 1902 hier in P. geboren. Frau G. wuchs in einer großen Familie mit insgesamt elf Kindern auf. Sie war die jüngste von den Geschwistern und hat es von Kindheit an gelernt, sich in eine Gemeinschaft einzufügen, mitzuhelfen, einen großen Haushalt mitzuführen. Später ging sie dann zu Fuß jeden Tag anderthalb Stunden zur Fabrik im nächsten Ort zur Arbeit – sommers wie winters. Nach ihrer Heirat zog sie für einige Zeit nach R. und dann nach H. Über 50 Jahre wohnte sie dort, jeder kannte sie.

Es war schwer für Frau G., in hohem Alter ihre lieb und vertraut gewordene Umgebung in D. aufzugeben und ins Altenheim zu ziehen. Gesundheitliche Gründe zwangen sie dazu. So schwer zunächst die Umstellung für sie war, erwies es sich für ihren Gesundheitszustand als eine gute Entscheidung. Sie konnte an den Veranstaltungen und Festen im Haus teilnehmen, sie hatte Gesellschaft; sie bekam Besuch, hatte Ansprache und Anregungen. Im Altenheim habe ich Ihre Mutter als freundliche, stille Frau kennen gelernt, die sich freute, wenn man sich ihr zuwandte. Wegen einer Lungenentzündung musste sie ins Krankenhaus, wo sich ihr Zustand auch stabilisierte. Sie sollte demnächst entlassen werden, als sie plötzlich starb. Für Ihre Mutter ein ruhiger, gnädiger Tod.

Für Sie, liebe Familie O., kam der Tod als ein Schrecken. Mit Schmerz nehmen Sie Abschied, schauen in eine Zukunft ohne Ihre Mutter. Ich möchte einen Vers aus dem 23. Psalm bedenken, den ich Ihnen zu Beginn gelesen habe.

Der Herr ist mein Hirte, mir wird nichts mangeln.

Da wird in einem Bild von Gott gesprochen: Gott als der Hirte, als der gute Hirte. In der hiesigen Umgebung kann man das hin und wieder beobachten, was damit gemeint ist: wie ein Schäfer, ein Hirte bei seiner Herde, bei seinen Schafen ist. Wie er sie alle im Blick hat, auch wenn sie mal ein Stück weiter weg ihr Gras suchen. Der Hirte kennt seine Schafe, weiß ganz genau, welche zu seiner Herde gehören und welche nicht. Und umgekehrt kennen die Schafe ihren Hirten, sie wissen, in welchen Pferch sie gehören, kennen die Stimme des Hirten.

Der Herr ist mein Hirte, mir wird nichts mangeln.

Das spricht von einer langen Lebens-Erfahrung. Und aus dieser langen Lebens-Erfahrung, dass Gott um mich ist, mich behütet und umsorgt, wird eine Hoffnung für die Zukunft gewonnen: Weil Gott mein Hirte ist, darum werde ich auch in Zukunft keinen Mangel an Hoffnung, an Liebe, an Geduld haben.

So kann der Psalm vom guten Hirten zu einer Verheißung über den Tod hinaus werden. Für das Leben und das Sterben Ihrer Mutter gilt:

Der Herr ist mein Hirte, mir wird nichts mangeln. Er weidet mich auf einer grünen Aue und führet mich zum frischen Wasser. Gutes und Barmherzigkeit werden mir folgen mein Leben lang, und ich werde bleiben im Hause des Herrn immerdar.

Im Leben und im Sterben gehören wir zu Gottes Herde, sind und bleiben wir Schafe aus seinem Stall, ist und bleibt Gott der gute Hirte. Das gilt auch für Sie, die Sie um Frau S. G. trauern: Auch für uns Lebende bleibt der lebendige Gott der gute Hirte, sodass wir im Vertrauen auf seine Güte keinen Mangel haben werden an Hoffnung, an Liebe, an Geduld. Amen.

Und der Herr Zebaoth wird auf diesem Berge allen Völkern ein fettes Mahl machen, ein Mahl von reinem Wein, von Fett, von Mark, von Wein, darin keine Hefe ist. Und er wird auf diesem Berge die Hülle wegnehmen, mit der alle Völker verhüllt sind, und die Decke, mit der alle Heiden zugedeckt sind. Er wird den Tod verschlingen auf ewig. Und Gott der Herr wird die Tränen von allen Angesichtern abwischen und wird aufheben die Schmach seines Volks in allen Landen; denn der Herr hat's gesagt. Zu der Zeit wird man sagen: „Siehe, das ist unser Gott, auf den wir hofften, dass er uns helfe. Das ist der Herr, auf den wir hofften; lasst uns jubeln und fröhlich sein über sein Heil."

Jesaja 25,6 – 9

Zum zweiten, dass man auch geistlich Abschied nehme. Das ist, man vergebe freundlich, rein um Gottes willen allen Menschen, die uns beleidigt haben, begehre umgekehrt auch allein um Gottes willen Vergebung von allen Menschen, deren wir viele ohne Zweifel beleidigt haben, zumindest mit bösem Exempel oder zu wenig Wohltaten, wie wir schuldig gewesen wären nach dem Gebot brüderlicher christlicher Liebe, damit die Seele nicht bleibe behaftet mit irgendeiner Angelegenheit auf Erden.

Martin Luther[3]

Für uns – Römer 8,31

Ist Gott für uns, wer kann wider uns sein? Der auch seinen eigenen Sohn nicht verschont hat, sondern hat ihn für uns alle dahingegeben – wie sollte er uns mit ihm nicht alles schenken? Wer will die Auserwählten Gottes beschuldigen? Gott ist hier, der gerecht macht. Wer will verdammen? Christus Jesus ist hier, der gestorben ist, ja vielmehr, der auch auferweckt ist, der zur Rechten Gottes ist und uns vertritt. Wer will uns scheiden von der Liebe Christi? Trübsal oder Angst oder Verfolgung oder Hunger oder Blöße oder Gefahr oder Schwert? In dem allen überwinden wir weit durch den, der uns geliebt hat. Denn ich bin gewiss, dass weder Tod noch Leben, weder Engel noch Mächte noch Gewalten, weder Gegenwärtiges noch Zukünftiges, weder Hohes noch Tiefes noch eine andere Kreatur uns scheiden kann von der Liebe Gottes, die in Christus Jesus ist, unserm Herrn.

Römer 8,31 – 39

Liebe Familie T., liebe Trauergemeinde!

Das ist für Sie ein schwerer Weg heute, hierher auf den Friedhof zu kommen. Sich an diesem Ort des Friedens, der Stille, der letzten Ruhe zu versammeln, um Abschied zu nehmen von Ihrem Mann, von Ihrem Vater, Herrn A. U. Im Angesicht des Todes feiern wir Gottesdienst, weil von dem lebendigen Gott alles Leben herkommt und auch wieder zurückkehrt. So gedenken wir in der Gegenwart Gottes des Lebens von Herrn A. U.

1941 wurde er in Pommern in unruhiger Zeit geboren. Schon bald machte der Krieg die Flucht nach Westen notwendig. In W. ist er aufgewachsen, in L. hat er lange bei den Stadtwerken gearbeitet. Sein Leben war auf eigenartige Weise von intensiven Erfahrungen von Glück und Leid durchzogen. Schon früh trat Krankheit in sein Leben, deren Folgen ihn sein Leben lang einschränkten. Dennoch gab er nicht auf, gründete eine Familie, freute sich an seinen Kindern. Es traf ihn schwer, als seine Frau in jungen Jahren starb und ihn mit vier kleinen Kindern zurückließ. Der Verzweiflung nahe, fand er Hilfe und Glück bei Ihnen, liebe Frau U. Gemeinsam haben Sie für Ihre Familie ein Zuhause aufgebaut. Diese Familie war das Wichtigste für A. U. Mit viel Interesse und Geduld hat er am Leben seiner Frau, Kinder und Enkelkinder Anteil genommen, hat sie gefördert und ermutigt. Seine Stimme, sein Rat, seine Verlässlichkeit werden Ihnen hierin besonders fehlen.

Seine andere Leidenschaft galt den Brieftauben. Viele Jahre war er im Verein als Vorsitzender aktiv, hat etliche Preise gewonnen, bis seine Krankheit es ihm unmöglich gemacht hat, dieses Hobby weiter zu pflegen.

Die Tumore in seinem Kopf prägten die letzten sechs Jahre seines Lebens. Lange Krankenhausaufenthalte und Operationen, Schmerzen und Einschränkungen, aufflammende Hoffnung auf Besserung und die schwere Einsicht, dass es keine Besserung für ihn gab. Mit diesem schweren Leiden zu leben, trotz allem weiter zu kämpfen, sich nicht aufzugeben, auch in der Hilflosigkeit noch das Beste für seine Familie zu ermöglichen, das ist die Lebensleistung von Herrn A. U. und die Ihre, liebe Frau U., die Sie Ihren Mann in all den Höhen und Tiefen mit der Kraft Ihres Herzens und Ihrer Hände begleitet haben. Es war ein besonderer Tag für Sie beide, dass Sie letztes Jahr Ihre Silberhochzeit feiern konnten.

Zusammen mit Ihren Kindern haben Sie es möglich gemacht, dass Ihr Mann zu Hause bleiben konnte, dass sich sein Wunsch erfüllte, zu Hause sterben zu dürfen – in der Nähe der Menschen, die ihm lieb und teuer waren.

Herr U. wusste von der Endlichkeit, von der Begrenztheit des Lebens. So traf er schon damals vor seinem ersten Krankenhausaufenthalt alle Vorkehrungen für den Fall, dass er die Operation nicht überleben würde. Von dem bitteren Ende seiner ersten Ehe wusste er, welche grausame Lücke der Tod reißen kann, in welche Not die Zurückbleibenden plötzlich geraten können. Es lag ihm am Herzen, seine Frau und seine Kinder gut versorgt zu wissen.

In seiner schweren Krankheit kam der Tod ihm jetzt als Erlösung entgegen. Als Erlösung von seinen Schmerzen, von seiner Kraftlosigkeit, von seiner Hilflosigkeit. Wenn das Leben nur noch Qual ist, ist der Tod manchmal wie ein Freund. Beides hat seinen Raum: der Schmerz, ihn loslassen zu müssen, den Tod als einen Dieb zu erfahren, der uns lieb gewordene Menschen endgültig wegnimmt. Und der Trost, dass Ihr Mann, Ihr Vater jetzt Frieden hat, dass sein Leiden ein Ende hat, dass er in eine andere Welt vorangegangen ist, für uns unsichtbar und doch real, dass er eingehüllt ist in den Frieden Gottes.

Angesichts von Leiden und Tod feiern wir Gottesdienst, weil es eine Hoffnung über den Tod hinaus gibt; weil in der sich schenkenden, verlässlichen Liebe zwischen Menschen etwas von Gottes Liebe, von Gottes Verlässlichkeit durchleuchtet, die stärker ist als der Tod. Wo wir Menschen unsere Sterbenden nicht mehr begleiten können, da wartet der auferstandene Christus auf sie, um sie in die Arme zu nehmen. Möge diese Hoffnung Sie trösten und stärken.

Und der Friede Gottes, der höher ist als alle unsere Vernunft, der bewahre eure Herzen und Sinne in Christus Jesus, unserem gekreuzigten und auferweckten Herrn. Amen.

Dennoch bleibe ich stets an dir;
denn du hältst mich bei meiner rechten Hand,
du leitest mich nach deinem Rat
und nimmst mich am Ende mit Ehren an.
Wenn ich nur dich habe,
so frage ich nichts nach Himmel und Erde.
Wenn mir gleich Leib und Seele verschmachtet,
so bist du doch, Gott, allezeit meines Herzens Trost und mein Teil.
Aber das ist meine Freude, dass ich mich zu Gott halte
und meine Zuversicht setze auf Gott, den Herrn,
dass ich verkündige all dein Tun.

Psalm 73 / EG 734

Zunächst: es gibt nichts, was uns die Abwesenheit eines uns lieben Menschen ersetzen kann und man soll das auch garnicht versuchen; man muß es einfach aushalten und durchhalten; das klingt zunächst sehr hart, aber es ist doch zugleich ein großer Trost; denn indem die Lücke wirklich unausgefüllt bleibt, bleibt man durch sie miteinander verbunden. Es ist verkehrt, wenn man sagt, Gott füllt die Lücke aus; er füllt sie garnicht aus, sondern er hält sie vielmehr gerade unausgefüllt und hilft uns dadurch, unsere echte Gemeinschaft – wenn auch unter Schmerzen – zu bewahren.

Ferner: je schöner und voller die Erinnerungen, desto schwerer die Trennung. Aber die Dankbarkeit verwandelt die Qual der Erinnerung in eine stille Freude. Man trägt das vergangene Schöne nicht wie einen Stachel, sondern wie ein kostbares Geschenk in sich. Man muß sich hüten, in den Erinnerungen zu wühlen, sich ihnen auszuliefern, wie man auch ein kostbares Geschenk nicht immerfort betrachtet, sondern nur zu besonderen Stunden und es sonst nur wie einen verborgenen Schatz, dessen man sich gewiß ist, besitzt; dann geht eine dauernde Freude und Kraft von dem Vergangenen aus.

Dietrich Bonhoeffer am Heiligabend 1943 an Renate und Eberhard Bethge[4]

In deine Hände – Psalm 31,6

Herr, auf dich traue ich,
lass mich nimmermehr zuschanden werden,
errette mich durch deine Gerechtigkeit!
Neige deine Ohren zu mir, hilf mir eilends!
Sei mir ein starker Fels und eine Burg, dass du mir helfest!
Denn du bist mein Fels und meine Burg,
und um deines Namens willen wollest du mich leiten und führen.
Du wollest mich aus dem Netze ziehen,
das sie mir heimlich stellten;
denn du bist meine Stärke.
In deine Hände befehle ich meinen Geist;
du hast mich erlöst, Herr, du treuer Gott.
Ich freue mich und bin fröhlich über deine Güte,
dass du mein Elend ansiehst
und nimmst dich meiner an in Not
und übergibst mich nicht in die Hände des Feindes;
du stellst meine Füße auf weiten Raum.

Psalm 31 / EG 715, 1

Liebe Familie F., liebe Trauergemeinde!

Ein langes Leben ist zu Ende gegangen. Frau R. L. geborene C. ist tot. Wir versammeln uns hier, um ihrer vor Gott und den Menschen zu gedenken.

Frau L. wurde 1912 in N. geboren. Sie hat ihre Heimat geliebt und hat ihr ganzes Leben – ausgenommen die letzten sechs Jahre – in N. gelebt. Hier kannte sie viele Menschen, hierher hat sie bis ins hohe Alter hinein Kontakt gehalten. Sie freute sich jedesmal darauf, wenn die Bekannten aus N. alle 14 Tage zu ihr zu Besuch kamen.

Frau L. war eine freundliche, liebenswerte Frau. Noch ein Kind, verlor sie ihre Mutter und fand glücklicherweise in der zweiten Ehefrau ihres Vaters eine neue, zweite Mutter. Rege nahm sie am Gemeindeleben in N. teil, spielte in der Gitarrengruppe mit und besuchte den Gottesdienst. Es gehörte von Kinderzeiten an zu ihrem Leben dazu, von der guten Nähe unseres Gottes zu wissen; damit Erfahrungen zu machen, dass da ein Gott ist, der unser Leben hält und trägt – auch über und in den Abgründen unseres Lebens. Es traf sie schwer, als ihr kleiner Sohn im Alter von acht Jahren starb. Mit Hilfe ihres Glaubens vermochte sie es, an diesem Verlust nicht zu zerbrechen, sondern dem Leben auch wieder Schönes abzugewinnen. Sie nahm weiter Anteil an dem, was in der Familie und im Dorf geschah; sie war eine gute Zuhörerin und konnte aus ihrem stillen, friedlichen Wesen heraus weisen Rat geben, wenn sie darum gefragt wurde.

Es war für sie ein großer Verlust, als ihr Mann und bald darauf ihre Schwester starben. Menschen, an denen sie sehr gehangen hatte, die in ihrem Leben wichtig waren.

Vor vier Jahren entschloss sich Frau L., freiwillig und gern in das damals neue Altenheim einzuziehen. Sie gehörte zu den Ersten, die dort einzogen. Sie hatte sich ihr Apartment gemütlich eingerichtet und fühlte sich in der Hausgemeinschaft wohl. Sie hat es genossen, an den unterschiedlichen Aktivitäten im Haus teilzunehmen, zu spielen, zu basteln, zu singen, bei Festen, Feiern und Gottesdiensten fröhlich mitzumachen. Erst in letzter Zeit, als ihre Kräfte nachließen, blieb sie mehr in ihrem Zimmer. Sie war umhegt und umsorgt von Ihnen, liebe Familie F., und von den Schwestern und Pflegern auf ihrer Station.

Nun ist sie heimgegangen.

> *In deine Hände befehle ich meinen Geist; du hast mich erlöst, Herr, du treuer Gott. (Psalm 31,6)*

So haben Sie es über die Traueranzeige gesetzt.

> *In deine Hände befehle ich meinen Geist; du hast mich erlöst, Herr, du treuer Gott.*

Dieses uralte Gebet drückt das Vertrauen zu Gott aus, der uns im Leben und im Sterben hält. Sich in andere Hände begeben bedeutet ja, sich ausliefern, sich überlassen, dem anderen zutrauen, dass er es gut mit mir meint, dass er für mich das Beste erwirkt. Sich in Gottes Hände loslassen – das war Frau L. aus ihrem Leben bekannt. Im Sterben lassen wir uns dann ganz los, auch unseren Leib geben wir dann in andere Hände.

> *In deine Hände befehle ich meinen Geist; du hast mich erlöst, Herr, du treuer Gott.*

Diese Worte betete der sterbende Christus am Kreuz in dem Vertrauen darauf, dass Gott es hört und erhört. Auf dieses Vertrauen hin ist Christus von den Toten auferweckt worden, ist er der Erste geworden, an dem die Hoffnung Wirklichkeit geworden ist: Gott besiegt den Tod. Wir nehmen Abschied von Frau R. L. Wir lassen sie los in die guten Hände unseres Gottes, der sie ihr ganzes langes Leben lang getragen hat, der seine Treue auch im Tod nicht aufgibt und uns durch den Tod hindurch zu sich hinzieht – in sein Licht, in seine sichtbare und spürbare Nähe, wo er sein wird alles in allem. Amen.

Aber ich weiß, dass mein Erlöser lebt, und als der Letzte wird er über dem Staub sich erheben. Und ist meine Haut noch so zerschlagen und mein Fleisch dahingeschwunden, so werde ich doch Gott sehen. Ich selbst werde ihn sehen, meine Augen werden ihn schauen und kein Fremder. Danach sehnt sich mein Herz in meiner Brust.

Hiob 19,25 – 27

Wir treten aus dem Schatten bald in ein helles Licht.
Wir treten durch den Vorhang vor Gottes Angesicht.
Wir legen ab die Bürde, das müde Erdenkleid;
sind fertig mit den Sorgen und mit dem letzten Leid.
Wir treten aus dem Dunkel nun in ein helles Licht.
Warum wirs Sterben nennen? Ich weiß es nicht.

Verfasser unbekannt

Mein Licht – Jesaja 43,1

Der Herr ist mein Licht und mein Heil;
vor wem sollte ich mich fürchten?
Der Herr ist meines Lebens Kraft;
vor wem sollte mir grauen?
Eines bitte ich vom Herrn, das hätte ich gerne:
dass ich im Hause des Herrn bleiben könne mein Leben lang,
zu schauen die schönen Gottesdienste des Herrn
und seinen Tempel zu betrachten.
Denn er deckt mich in seiner Hütte zur bösen Zeit,
er birgt mich im Schutz seines Zeltes
und erhöht mich auf einen Felsen.

Psalm 27 / EG 713, 1

Liebes Ehepaar J., liebe Trauergemeinde!

Wir sind zusammengekommen, um uns an Frau D. S. zu erinnern, die 1907 in H. geboren wurde und im hohen Alter von 86 Jahren verstorben ist.

Viele Jahre hat sie in diesem Haus gelebt, hat sich hier wohl gefühlt und am reichhaltigen Leben des Hauses teilgenommen. Auf unverwechselbare Weise gehörte sie zu diesem Haus dazu und hat – ebenfalls durch ihre unverwechselbare Art – das Haus W. und die Menschen hier beschenkt.

Was meine ich mit beschenken?

Dazu kann man ihre Selbstständigkeit zählen, die sie in den ersten Jahren im Haus W. dazu nutzte, um in die Stadt zu gehen, um Ausflüge mitzumachen.

Dazu gehört auch ihre Hilfsbereitschaft, bei den Küchenarbeiten mitzuhelfen und sich nützlich zu machen. Zu ihrer unverwechselbaren Art gehörte auch ihre Geselligkeit. Sie war gerne mit anderen Menschen zusammen; erzählte, was sie bewegte. Das hat sie bis in ihr hohes Alter beibehalten, auch wenn es uns dann oft nicht möglich war, ihren Gedankengängen zu folgen. Freundlich, friedlich, humorvoll und immer in Bewegung – so kannten Sie Frau S.

Mit ihrem Wesen hat sie uns beschenkt. Mit einer Lebensfreude, die auch durch ihre Verwirrtheit hindurch leuchtete. Sie hatte eine Ausstrahlung ohne Worte. In der Verwirrung trat ihr Wesen noch klarer zu Tage – ohne Verstellung. Und dieses Wesen war reine Lebensfreundlichkeit. Mit ihrer Dankbarkeit dafür, dass sie hier zu Hause sein durfte; mit der Hoffnung, dass alt gewordenes Leben, eingeschränktes Leben seinen Raum und seine Zeit haben darf. Dass es nicht der Zuwendung und der Geborgenheit entbehren muss, sondern bejaht und behütet leben und dann auch sterben darf. Frau S. hatte das Glück, in den letzten Jahren ihres Lebens, in denen sie auf Hilfe angewiesen war, diese Hilfe zu empfangen – durch Sie, liebes Ehepaar J., durch das Pflegepersonal ihrer Station, durch die Tagesgruppe, in vielen einzelnen Begegnungen mit vielen verschiedenen Menschen in und um dieses Haus.

Ihre Kindheit war geprägt von dem frühen Verlust des Vaters. Sie liebte die Natur, reiste und schaute sich die Welt an. Viele Jahre hat sie in der Lederverarbeitung gearbeitet. Sie hing an ihrer Schwester, dieser Gefährtin aus alter Zeit, die ihre Geschichte und Herkunft teilte, die ihr ein Anker war für die gemeinsamen Erinnerungen und Erlebnisse. Es muss schwer sein, wenn man alleine aus einer Familie, aus einer Generation übrig bleibt. Es erinnert mich an eine einsame Insel, zu der niemand Zugang hat. Es gibt wohl eine Brücke in die Gegenwart, ein Anteilnehmen an dem Jetzigen. Doch nicht umgekehrt. Mit dem Tod eines Menschen stirbt auch stets ein Stück Wirklichkeit. Die besondere Art, wie ein bestimmter Mensch die Welt gesehen und erfahren hat. Mit Frau D. S.s Tod ist uns ein wichtiges Stück Wirklichkeit verloren gegangen. Die Wirklichkeit, die besondere Perspektive, dass jedes Leben, jedes Alter, jeder Mensch, ob gesund oder krank, ob bei Verstand oder verwirrt, seine eigene Würde hat. Und diese Würde legen wir uns nicht selber zu, sondern sie ist uns von Gott verliehen.

Im Umgang mit den Schwachen und Angewiesenen zeigt sich, wie tief unser Respekt vor dem Leben verwurzelt ist – oder auch nicht. Auch auf diese Weise hat Frau S. uns beschenkt, ohne es zu wissen: An ihr konnten unsere Hilfsbereitschaft, unser Respekt für das Leben wachsen. Sie hat es uns durch ihre friedliche, freundliche Art leicht gemacht.

Was ich mit meinen Worten ausgeführt habe, sagt der Prophet aus alter Zeit so:

So spricht Gott, der Herr: Fürchte dich nicht, denn ich habe dich erlöst; ich habe dich bei deinem Namen gerufen; du bist mein. (Jesaja 43,1)

Dieses Wort steht über dem Leben und Sterben von Frau S.: Sie ist erlöst, Gott kennt und ruft sie mit ihrem Namen, für immer gehört sie zu ihm. Dieses Versprechen durchdringt alle Verwirrung, alles Leben und jedes Sterben.

Und dieses Wort ist uns Lebenden mitgegeben: Fürchtet euch nicht! Was immer da kommen mag, ihr gehört zu Gott, dem Lebendigen. Er kennt euch mit Namen und hält euch an der Hand – in der Jugend und im Alter, im Glück und im Unglück, im Leben und im Tod.

So spricht Gott, der Herr: Fürchte dich nicht, denn ich habe dich erlöst; ich habe dich bei deinem Namen gerufen; du bist mein.

Amen.

Und nun spricht der Herr, der dich geschaffen hat, Jakob, und dich gemacht hat, Israel: Fürchte dich nicht, denn ich habe dich erlöst; ich habe dich bei deinem Namen gerufen; du bist mein! Wenn du durch Wasser gehst, will ich bei dir sein, dass dich die Ströme nicht ersäufen sollen; und wenn du ins Feuer gehst, sollst du nicht brennen, und die Flamme soll dich nicht versengen.

Denn ich bin der Herr, dein Gott, der Heilige Israels, dein Heiland. Ich habe Ägypten für dich als Lösegeld gegeben, Kusch und Seba an deiner statt, weil du in meinen Augen so wert geachtet und auch herrlich bist und weil ich dich lieb habe. Ich gebe Menschen an deiner statt und Völker für dein Leben.

So fürchte dich nun nicht, denn ich bin bei dir. Ich will vom Osten deine Kinder bringen und dich vom Westen her sammeln, ich will sagen zum Norden: Gib her!, und zum Süden: Halte nicht zurück!

Bring her meine Söhne von ferne und meine Töchter vom Ende der Erde, alle, die mit meinem Namen genannt sind, die ich zu meiner Ehre geschaffen und zubereitet und gemacht habe.

Jesaja 43,1 – 7

Die Mutigen wissen
Daß sie nicht auferstehen
Daß kein Fleisch um sie wächst
Am jüngsten Morgen
Daß sie nichts mehr erinnern
Niemandem wiederbegegnen
Daß nichts ihrer wartet
Keine Seligkeit
Keine Folter
Ich
Bin nicht mutig.

Marie-Luise Kaschnitz[5]

Dass ich sicher wohne – Johannes 14,2–3

Erhöre mich, wenn ich rufe, Gott meiner Gerechtigkeit,
der du mich tröstest in Angst;
sei mir gnädig und erhöre mein Gebet!
Ihr Herren, wie lange soll meine Ehre geschändet werden?
Wie habt ihr das Eitle so lieb und die Lüge so gern!
Erkennet doch, dass der Herr seine Heiligen wunderbar führt;
der Herr hört, wenn ich ihn anrufe.
Zürnet ihr, so sündiget nicht;
redet in eurem Herzen auf eurem Lager und seid stille.
Opfert, was recht ist, und hoffet auf den Herrn.
Viele sagen: „Wer wird uns Gutes sehen lassen?"
Herr, lass leuchten über uns das Licht deines Antlitzes!
Du erfreust mein Herz, ob jene auch viel Wein und Korn haben.
Ich liege und schlafe ganz mit Frieden;
denn allein du, Herr, hilfst mir, dass ich sicher wohne.

Psalm 4 / EG 703

Liebe Trauergemeinde!

Wir versammeln uns hier, um Frau E. M. die letzte Ehre zu erweisen. Im Alter von 82 Jahren ist E. M. gestorben. Auf ihre Weise war sie eine Prominente der Stadt. Jeder kannte sie unter ihrem Vornamen E. Dass Sie heute so zahlreich gekommen sind, zeigt, wie sie zum Gesicht dieser Stadt gehörte.

Ich erinnere mich an E., wie sie in der Krankenhauskapelle den Gottesdienst mitfeierte. Regelmäßig war sie da, egal ob katholisch oder evangelisch. Auf sie war Verlass, sie kam und betete mit. Für mich als Pfarrerin war E.s Mitbeten eine große Stütze. Ihre unerschütterliche Treue zu dem dreieinigen Gott wirkte für mich und andere vergewissernd. Wir wissen es nicht, wie oft sie stellvertretend vor unserem Gott in der Fürbitte für andere eingetreten ist, wie viel Bewahrung und Segen durch ihr Gebet auf uns gekommen sind.

Beim Nachdenken über E. ist mir der Gedanke gekommen, dass die Kapelle ihr Zuhause war. Sie ist in Heimen aufgewachsen und hat ihre Eltern nicht gekannt. Vertrieben aus ihrer Heimat im heutigen Polen, von vielen verachtet und verspottet, ohne irgendwelche Verwandten, ohne Lobby, ohne Fürsprecher, hat sie bei dem Zuflucht gesucht, der unverlierbare Heimat und Nähe geben kann. E. hat in dem lebendigen Gott Vater und Mutter gefunden. Wo die Gemeinschaft der Menschen sich ihr entzog, da hatte sie Heimat in Gott. Die Kapelle, der gottesdienstliche Raum, die gottesdienstliche Feier waren ihr Elternhaus. Hier durfte sie sein, hier war sie erwünscht, hatte sie ihren Platz, wurde sie mit Namen genannt. Hier war sie keine Nummer, sondern geliebtes Kind Gottes.

Und plötzlich wird das Wort Jesu sehr konkret:

> *In meines Vaters Hause sind viele Wohnungen. Ich gehe hin, euch die Stätte zu bereiten. Und ich will wiederkommen und euch zu mir nehmen, damit ihr seid, wo ich bin. (Johannes 14,2 f.)*

E. wusste, wo sie hinging. Sie hat darauf gewartet, dass ihr himmlischer Vater sie für immer zu sich holt. Sie hat sich danach gesehnt, an Leib und Seele heil zu werden, endlich anzukommen und für immer bleiben zu dürfen; zu erfahren, dass sie erwartet, erwünscht und zutiefst geliebt ist.

E. war ja auch ein Mensch, der Anstoß erregte. Anstoß in doppeltem Sinn:

zum einen durch ihr lautes Geschimpfe, ihre Bemerkungen zu Zeit und Unzeit, durch ihr ungewöhnliches Auftreten und ihre Erscheinung.

Und sie war ein Anstoß für unsere Menschlichkeit. Sie hat uns angestoßen, uns – ohne es zu wissen – herausgefordert, sich ihr gegenüber zu verhalten: verachtend, mitleidig von oben herab, aggressiv, gleichgültig, sie wie einen lästigen Käfer abzuschütteln – oder sich von diesem so anderen Menschenleben berühren zu lassen. Menschen ließen sich anstoßen, ihr mit Güte und Freundlichkeit, mit Respekt und Interesse zu begegnen. Im Krankenhaus fand E. Menschen, die sich ihr mit Geduld und Liebe zuwandten, die ihre materielle Not mit Nahrung und Kleidung linderten.

Mir fällt das Wort Jesu ein:

> *Was ihr getan habt einem von diesen meinen geringsten Brüdern und Schwestern, das habt ihr mir getan. (Matthäus 25,40)*

An E. schieden sich die Geister. Wer weiß, wie oft Christus uns in ihr begegnet ist, um unsere Barmherzigkeit wachsen zu lassen. Unsere Stadt ist mit ihrem Tod ärmer geworden.

Frau E. M. ist tot. Sie schaut Gott wie er ist. Gott hat sie für immer zu sich genommen, dass sie sicher wohnen kann. Amen.

Seht, welch eine Liebe hat uns der Vater erwiesen, dass wir Gottes Kinder heißen sollen – und wir sind es auch! Darum kennt uns die Welt nicht; denn sie kennt ihn nicht.
Meine Lieben, wir sind schon Gottes Kinder; es ist aber noch nicht offenbar geworden, was wir sein werden. Wir wissen aber: wenn es offenbar wird, werden wir ihm gleich sein; denn wir werden ihn sehen, wie er ist.

1. Johannes 3,1 – 2

Die güldne Sonne voll Freud und Wonne
bringt unsern Grenzen mit ihrem Glänzen
ein herzerquickendes, liebliches Licht.
Mein Haupt und Glieder, die lagen darnieder;
aber nun steh ich, bin munter und fröhlich,
schaue den Himmel mit meinem Gesicht.

Mein Auge schauet, was Gott gebauet
zu seinen Ehren und uns zu lehren,
wie sein Vermögen sei mächtig und groß
und wo die Frommen dann sollen hinkommen,
wann sie mit Frieden von hinnen geschieden
aus dieser Erden vergänglichem Schoß.

Kreuz und Elende, das nimmt ein Ende;
nach Meeresbrausen und Windessausen
leuchtet der Sonnen gewünschtes Gesicht.
Freude die Fülle und selige Stille
wird mich erwarten im himmlischen Garten;
dahin sind meine Gedanken gericht'.

EG 449, 1.2.12

Du kennst mich – Psalm 139

Denn wir wissen: wenn unser irdisches Haus, diese Hütte, abgebrochen wird, so haben wir einen Bau, von Gott erbaut, ein Haus, nicht mit Händen gemacht, das ewig ist im Himmel. Denn darum seufzen wir auch und sehnen uns danach, dass wir mit unserer Behausung, die vom Himmel ist, überkleidet werden, weil wir dann bekleidet und nicht nackt befunden werden. Denn solange wir in dieser Hütte sind, seufzen wir und sind beschwert, weil wir lieber nicht entkleidet, sondern überkleidet werden wollen, damit das Sterbliche verschlungen werde von dem Leben. Der uns aber dazu bereitet hat, das ist Gott, der uns als Unterpfand den Geist gegeben hat. So sind wir denn allezeit getrost und wissen: Solange wir im Leibe wohnen, weilen wir fern von dem Herrn; denn wir wandeln im Glauben und nicht im Schauen. Wir sind aber getrost und haben vielmehr Lust, den Leib zu verlassen und daheim zu sein bei dem Herrn. Darum setzen wir auch unsre Ehre darein, ob wir daheim sind oder in der Fremde, dass wir ihm wohlgefallen. Denn wir müssen alle offenbar werden vor dem Richterstuhl Christi, damit jeder seinen Lohn empfange für das, was er getan hat bei Lebzeiten, es sei gut oder böse.

2. Korinther 5,1 – 10

Liebe Familie H., liebe Trauergemeinde!

Wir haben uns in dieser Kapelle versammelt, um von Frau A. G. Abschied zu nehmen. Beim Tod eines Menschen, der vor seiner Zeit mit 55 Jahren stirbt, werden die Fragen nach dem „Warum" wach. Auch die Fragen nach der Bedeutung eines Menschenlebens, woher das Leben kommt und wohin es im Tode geht.

Unerwartet und überraschend ist Frau G. aus dem Leben geschieden. Es war kein Raum, keine Zeit zum Abschiednehmen; Angefangenes bleibt unvollendet, Fragen bleiben offen, Antworten kommen nicht mehr an.

Der Tod reißt eine Lücke in Ihr Leben. Was so gewohnt und bekannt war, hat sich schlagartig verändert. Sie bleiben zurück mit den Erinnerungen an die gemeinsame Zeit, die Sie miteinander hatten, mit den Erinnerungen an gute und schwere Tage, an ihr Lachen und Weinen, an gemeinsame Feste und Ausflüge, an Streit und Versöhnung.

Seit vielen Jahren litt Frau G. an Depressionen. Wir als Gesunde wissen oft nicht, in welchen Tiefen sich Menschen mit Depressionen bewegen, wie mühsam, wie qualvoll es für sie ist, am Leben zu sein. Oft fühlen sie sich nicht in der Lage, für andere verständlich auszudrücken, wie es in ihrem Inneren aussieht. Und dann ziehen sie sich immer weiter zurück – von anderen Menschen, verkriechen sich immer weiter in sich selbst und leiden zugleich darunter.

Was Frau G. in der Tiefe bewegt hat, was sie niederdrückte, was ihr das Leben zuletzt unerträglich machte – wir wissen es nicht.

Da ist Trauer darüber, ihr in diesem Leiden nicht helfen zu können; Trauer, dass ihr Platz leer bleibt. Da ist Wut, dass sie – ohne Ade zu sagen – weggegangen ist; dass kein Gespräch mehr möglich ist, dass der Faden abgerissen ist.

Da mag Enttäuschung sein darüber, dass ein Leben vor seiner natürlichen Zeit stirbt. Vielleicht sind da auch Schuldgefühle, Signale und Bemerkungen übersehen zu haben, ihr nicht gerecht geworden zu sein in ihrer Art.

Für Frau G. war ihr Tod vielleicht eine Erlösung, ein Ende ihrer inneren Dunkelheit; vielleicht der letzte Ausweg, den sie für sich sah, dieses Leben nicht mehr aushalten zu müssen.

Christliche Hoffnung vertraut darauf, dass Menschen im Leben und im Sterben von Gott gehalten sind; dass auch in der tiefsten Tiefe Gott noch seine Hände unter uns hält: in der Depression, in der Verzweiflung, in der Einsamkeit, in der Enttäuschung. Christliche Hoffnung hält sich daran fest, dass Gott unser Leben durch den Tod hindurch zu sich hinzieht; dass da unser Leben verwandelt wird:

> Was verloren war, wird gefunden.
> Was verwundet war, wird heil.
> Was zerstört war, wird neu.
> Was verstoßen war, wird angenommen.
> Was betrauert worden ist, wird in Freude verwandelt.

Christliche Hoffnung glaubt, dass Gott in Jesus von Nazareth ein Mensch geworden ist und die Schmerzen der Menschen kennen gelernt hat. Und dass er Jesus von den Toten auferweckt hat, um uns zu zeigen, dass wir auch im Tod von ihm gehalten sind. Dass der Tod ein Durchgang ist, weg von dieser Erde, aus diesem Leben, hin in eine verwandelte Existenz – ganz nah bei Gott, in seinem Licht, wo aller Jammer ein Ende hat.

Ihre Frau, Ihre Mutter, Ihre Tochter ist fortgegangen, weg aus diesem Leben, weg aus Ihrem Umfeld, aus Ihrer Nähe, hin in ein neues Land, in eine neue Umgebung – zu Gott, der ohne Anfang und Ende ist.

Möge Gott, der Barmherzige und Lebendige, Sie auf Ihren Wegen ohne A. G. begleiten und bewahren. Amen.

Herr, du erforschest mich
und kennest mich.
Ich sitze oder stehe auf, so weißt du es;
du verstehst meine Gedanken von ferne.
Ich gehe oder liege, so bist du um mich
und siehst alle meine Wege.
Denn siehe, es ist kein Wort auf meiner Zunge,
das du, Herr, nicht schon wüsstest.
Von allen Seiten umgibst du mich
und hältst deine Hand über mir.
Diese Erkenntnis ist mir zu wunderbar und zu hoch,
ich kann sie nicht begreifen.
Wohin soll ich gehen vor deinem Geist,
und wohin soll ich fliehen vor deinem Angesicht?
Führe ich gen Himmel, so bist du da;
bettete ich mich bei den Toten, siehe, so bist du auch da.
Nähme ich Flügel der Morgenröte
und bliebe am äußersten Meer,
so würde auch dort deine Hand mich führen
und deine Rechte mich halten.
Spräche ich: Finsternis möge mich decken
und Nacht statt Licht um mich sein –
so wäre auch Finsternis nicht finster bei dir,
und die Nacht leuchtete wie der Tag.
Finsternis ist wie das Licht.
Denn du hast meine Nieren bereitet
und hast mich gebildet im Mutterleibe.
Ich danke dir dafür, dass ich wunderbar gemacht bin;
wunderbar sind deine Werke; das erkennt meine Seele.
Es war dir mein Gebein nicht verborgen,
als ich im Verborgenen gemacht wurde,
als ich gebildet wurde unten in der Erde.

Deine Augen sahen mich,
als ich noch nicht bereitet war,
und alle Tage waren in dein Buch geschrieben,
die noch werden sollten und von denen keiner da war.
Aber wie schwer sind für mich, Gott, deine Gedanken!
Wie ist ihre Summe so groß!
Wollte ich sie zählen, so wären sie mehr als der Sand:
Am Ende bin ich noch immer bei dir.
Erforsche mich, Gott, und erkenne mein Herz;
prüfe mich und erkenne, wie ich's meine.
Und sieh, ob ich auf bösem Wege bin,
und leite mich auf ewigem Wege.

Psalm 139 / EG 759, 1 – 2

Ich möchte Sie, so gut ich es kann, bitten, Geduld zu haben gegen alles Ungelöste in Ihrem Herzen und zu versuchen, die Fragen selbst liebzuhaben wie verschlossene Stuben und wie Bücher, die in einer sehr fremden Sprache geschrieben sind.
Forschen Sie jetzt nicht nach den Antworten, die Ihnen nicht gegeben werden können, weil Sie sie nicht leben könnten. Und es handelt sich darum, alles zu leben. Leben Sie jetzt die Fragen. Vielleicht leben Sie dann allmählich, ohne es zu merken, eines fernen Tages in die Antwort hinein.

Rainer Maria Rilke[6]

Wie in einem Spiegel – 1. Korinther 13,12 und 2. Korinther 3,17–18

Ich will den Herrn loben allezeit;
sein Lob soll immerdar in meinem Munde sein.
Meine Seele soll sich rühmen des Herrn,
dass es die Elenden hören und sich freuen.
Preiset mit mir den Herrn
und lasst uns miteinander seinen Namen erhöhen!
Als ich den Herrn suchte, antwortete er mir
und errettete mich aus aller meiner Furcht.
Die auf ihn sehen, werden strahlen vor Freude,
und ihr Angesicht soll nicht schamrot werden.
Als einer im Elend rief, hörte der Herr
und half ihm aus allen seinen Nöten.
Der Engel des Herrn lagert sich um die her,
die ihn fürchten, und hilft ihnen heraus.
Schmecket und sehet, wie freundlich der Herr ist.
Wohl dem, der auf ihn trauet!
Fürchtet den Herrn, ihr seine Heiligen!
Denn die ihn fürchten, haben keinen Mangel.
Reiche müssen darben und hungern;
aber die den Herrn suchen, haben keinen Mangel
an irgendeinem Gut.

Psalm 34 / EG 717, 1

Liebe Familie I., liebe Trauergemeinde!

Ein langes Leben ist zu Ende gegangen. Fast neun Jahrzehnte zählte das Leben von Frau E. H.-W., die wir heute zu Grabe tragen.

Frau H.-W. stammte aus F. Die Liebe zu ihrer Heimat hatte sie von ihrem Vater geerbt, der ein wertvolles heimatkundliches Archiv aufgebaut hatte, das Frau H.-W. nach seinem Tod weiter pflegte, bis sie es aus Altersgründen der Stadt L. übergab.

Sie war eine wache, interessierte Frau bis in ihr hohes Alter hinein. Die Arbeit in einem Reisebüro und danach ihre journalistische Tätigkeit für verschiedene Zeitungen führten sie an unterschiedliche Orte und mit vielen verschiedenen Menschen zusammen, von denen einige zu ihren Freunden wurden. Sie liebte ihren Beruf. Ihr Mann begleitete sie auf ihren Reisen und so war es für Frau H.-W. ein schwerer Schlag, als ihr Mann sehr plötzlich verstarb. Als ihre Sehkraft abnahm, musste sie ihre journalistische Tätigkeit aufgeben.

Im Alter war sie dankbar für Fürsorge und Freundlichkeit. Regelmäßig wurde sie von Ihnen, liebe Familie P., besucht und begleitet.

Frau H.-W. hat sich schon früh mit den Gedanken um Sterben und Tod auseinander gesetzt. Der Krieg forderte auch in ihrem Leben seinen Tribut, ihr Vater starb früh, ihren Mann verlor sie plötzlich durch einen Herzinfarkt und sie pflegte ihre Mutter lange Jahre bis zu ihrem Tod. Sie hatte sich genaue Gedanken über ihre Beerdigung gemacht. Schon als sie noch in F. wohnte, hatte sie dem dortigen Pfarrer einen Brief gegeben, in dem alles Wichtige stand. Als sie dann hierher zog, bestand sie darauf, dass diese Unterlagen in meine Hände kamen. Es war ihr wichtig, diese Dinge geregelt zu haben und zu Lebzeiten Gewissheit darüber zu haben, wer sie einmal beerdigt. Den Tod fürchtete sie nicht. Er war für sie ein Tor in die höhere Welt. Im Zusammenhang mit den Vorbereitungen für ihre Beerdigung hat sie einen Satz von Friedrich Hebbel aufgeschrieben:

> *Man muss auf Erden etwas verlieren, damit man in der höheren Welt, in jenen Sphären etwas zu suchen hat.*

Nein, der Tod schreckte sie nicht. Im Gegenteil, in der letzten Zeit betete sie um einen baldigen, gnädigen Tod. Ihre Hoffnung, ihre Sehnsucht war es, im Tod Zugang zu den Lieben zu bekommen, die sie hier auf Erden verloren hatte. Ihr Gebet ist erhört worden. Ganz sanft ist sie in der Nacht von Mittwoch auf Donnerstag eingeschlafen und in die Ewigkeit hinübergegangen. So wie sie es sich gewünscht hat. Nun hat sie Eingang gefunden in den großen Frieden bei Gott. Nun ist sie in das weite Land der Freiheit gegangen und dort wird sie finden, wonach sie suchte.

Mit dieser Perspektive bekommt der Tod ein anderes Gesicht. Wer im Sterben nach vorne schaut, zu Gott hin, auf Gott zu, zu dem beginnen die wunderlichen Worte des Apostels Paulus bildhaft zu sprechen. Er schreibt:

> *Der Herr ist der Geist. Wo aber der Geist des Herrn ist, da ist Freiheit. Nun aber schauen wir alle mit aufgedecktem Angesicht die Herrlichkeit des Herrn wie in einem Spiegel, und wir werden verklärt in sein Bild von einer Herrlichkeit zur andern von dem Herrn, der der Geist ist. (2. Korinther 3,17–18).*

> *Wir sehen jetzt durch einen Spiegel ein dunkles Bild; dann aber von Angesicht zu Angesicht. Jetzt erkenne ich stückweise; dann aber werde ich erkennen, wie ich erkannt bin. (1. Korinther 13,12)*

Im Tod vollendet sich unsere Verwandlung. Wir werden Gott schauen von Angesicht zu Angesicht – so wie er ist, so wie wir sind. Wir werden uns in der Tiefe erkannt, verstanden und angenommen wissen; und wir werden Anteil bekommen an der Schönheit, an dem Glanz, an der Lebendigkeit Gottes; da wird der Kummer still werden, da wird der Schmerz ein Ende haben, da wird das Verlorene wiedergefunden, da wird das Gefangene freigelassen, da wird das Zerstörte heil werden.

So wie Christus von den Toten auferweckt wurde, so werden auch wir von ihm zu seiner Zeit aus den Gräbern gerufen werden. Das ist unsere Hoffnung, heute hier für Frau E. H.-W. und für unser eigenes Leben und Sterben. Amen.

Zum dritten. Wenn so jedermann Abschied auf Erden gegeben ist, dann soll man sich allein zu Gott richten, wohin der Weg des Sterbens sich auch kehrt und uns führt. Und hier beginnt die enge Pforte, der schmale Steig zum Leben. Darauf muss sich ein jeder getrost gefasst machen. Denn er ist wohl sehr eng, er ist aber nicht lang. Und es geht hier zu, wie wenn ein Kind aus der kleinen Wohnung in seiner Mutter Leib mit Gefahr und Ängsten geboren wird in diesen weiten Himmel und Erde, das ist unsere Welt: ebenso geht der Mensch durch die enge Pforte des Todes aus diesem Leben. Und obwohl der Himmel und die Welt, darin wir jetzt leben, als groß und weit angesehen werden, so ist es doch alles gegen den zukünftigen Himmel so viel enger und kleiner, wie es der Mutter Leib gegen diesen Himmel ist. Darum heißt der lieben Heiligen Sterben eine neue Geburt, und ihre Feste nennt man lateinisch Natale, Tag ihrer Geburt. Aber der enge Gang des Todes macht, dass uns dies Leben weit und jenes eng dünkt. Darum muss man das glauben und an der leiblichen Geburt eines Kindes lernen, wie Christus sagt: „Ein Weib, wenn es gebiert, so leidet es Angst. Wenn sie aber genesen ist, so gedenkt sie der Angst nimmer, dieweil ein Mensch geboren ist von ihr in die Welt" (Johannes 16,21). So muss man sich auch im Sterben auf die Angst gefasst machen und wissen, dass danach ein großer Raum und Freude sein wird."

Martin Luther[7]

Was dein Herz wünscht – Psalm 37,4

Es lag aber einer krank, Lazarus aus Betanien, dem Dorf Marias und ihrer Schwester Marta. Maria aber war es, die den Herrn mit Salböl gesalbt und seine Füße mit ihrem Haar getrocknet hatte. Deren Bruder Lazarus war krank. Da sandten die Schwestern zu Jesus und ließen ihm sagen: Herr, siehe, der, den du lieb hast, liegt krank. Als Jesus das hörte, sprach er: Diese Krankheit ist nicht zum Tode, sondern zur Verherrlichung Gottes, damit der Sohn Gottes dadurch verherrlicht werde. Jesus aber hatte Marta lieb und ihre Schwester und Lazarus.

Als er nun hörte, dass er krank war, blieb er noch zwei Tage an dem Ort, wo er war; danach spricht er zu seinen Jüngern: Lasst uns wieder nach Judäa ziehen! Seine Jünger aber sprachen zu ihm: Meister, eben noch wollten die Juden dich steinigen, und du willst wieder dorthin ziehen? Jesus antwortete: Hat nicht der Tag zwölf Stunden? Wer bei Tag umhergeht, der stößt sich nicht; denn er sieht das Licht dieser Welt. Wer aber bei Nacht umhergeht, der stößt sich; denn es ist kein Licht in ihm. Das sagte er, und danach spricht er zu ihnen: Lazarus, unser Freund, schläft, aber ich gehe hin, ihn aufzuwecken. Da sprachen seine Jünger: Herr, wenn er schläft, wird's besser mit ihm. Jesus aber sprach von seinem Tode; sie meinten aber, er rede vom leiblichen Schlaf. Da sagte es ihnen Jesus frei heraus: Lazarus ist gestorben; und ich bin froh um euretwillen, dass ich nicht dagewesen bin, damit ihr glaubt. Aber lasst uns zu ihm gehen! Da sprach Thomas, der Zwilling genannt wird, zu den Jüngern: Lasst uns mit ihm gehen, dass wir mit ihm sterben!

Als Jesus kam, fand er Lazarus schon vier Tage im Grabe liegen. Betanien aber war nahe bei Jerusalem, etwa eine halbe Stunde entfernt. Und viele Juden waren zu Marta und Maria gekommen, sie zu trösten wegen ihres Bruders. Als Marta nun hörte, dass Jesus kommt, geht sie ihm entgegen; Maria aber blieb daheim sitzen. Da sprach Marta zu Jesus: Herr, wärst du hier gewesen, mein Bruder wäre nicht gestorben. Aber auch jetzt weiß ich: Was du bittest von Gott, das wird dir Gott geben. Jesus spricht zu ihr: Dein Bruder wird auferstehen. Marta spricht zu ihm: Ich weiß wohl, dass er auferstehen wird – bei der Auferstehung am Jüngsten Tage. Jesus spricht zu ihr: Ich bin die Auferstehung und das Leben. Wer an mich glaubt, der wird leben, auch wenn er stirbt; und wer da lebt und glaubt an mich, der wird nimmermehr sterben. Glaubst du das? Sie spricht zu ihm: Ja, Herr, ich glaube, dass du der Christus bist, der Sohn Gottes, der in die Welt gekommen ist.

Und als sie das gesagt hatte, ging sie hin und rief ihre Schwester Maria heimlich und sprach zu ihr: Der Meister ist da und ruft dich. Als Maria das hörte, stand sie eilend auf und kam zu ihm. Jesus aber war noch nicht in das Dorf gekommen, sondern war noch dort, wo ihm Marta begegnet war. Als die Juden, die bei ihr im Hause waren und sie trösteten, sahen, dass Maria eilend aufstand und hinausging, folgten sie ihr, weil sie dachten: Sie geht zum Grab, um dort zu weinen. Als nun Maria dahin kam, wo Jesus war, und sah ihn, fiel sie ihm zu Füßen und sprach zu ihm: Herr, wärst du hier gewesen, mein Bruder wäre nicht gestorben. Als Jesus sah, wie sie weinte und wie auch die Juden weinten, die mit ihr gekommen waren, ergrimmte er im Geist und wurde sehr betrübt und sprach: Wo habt ihr ihn hingelegt? Sie antworteten ihm: Herr, komm und sieh es!

Und Jesus gingen die Augen über. Da sprachen die Juden: Siehe, wie hat er ihn liebgehabt! Einige aber unter ihnen sprachen: Er hat dem Blinden die Augen aufgetan; konnte er nicht auch machen, dass dieser nicht sterben musste? Da ergrimmte Jesus abermals und kam zum Grab. Es war aber eine Höhle, und ein Stein lag davor. Jesus sprach: Hebt den Stein weg! Spricht zu ihm Marta, die Schwester des Verstorbenen: Herr, er stinkt schon; denn er liegt seit vier Tagen. Jesus spricht zu ihr: Habe ich dir nicht gesagt: Wenn du glaubst, wirst du die Herrlichkeit Gottes sehen? Da hoben sie den Stein weg. Jesus aber hob seine Augen auf und sprach: Vater, ich danke dir, dass du mich erhört hast. Ich weiß, dass du mich allezeit hörst; aber um des Volkes willen, das umhersteht, sage ich's, damit sie glauben, dass du mich gesandt hast. Als er das gesagt hatte, rief er mit lauter Stimme: Lazarus, komm heraus! Und der Verstorbene kam heraus, gebunden mit Grabtüchern an Füßen und Händen, und sein Gesicht war verhüllt mit einem Schweißtuch. Jesus spricht zu ihnen: Löst die Binden und lasst ihn gehen! Viele nun von den Juden, die zu Maria gekommen waren und sahen, was Jesus tat, glaubten an ihn.

Johannes 11,1 – 45

Liebe Familie K., liebe Trauergemeinde!

Wir sind hier zusammengekommen im Namen des dreieinigen Gottes, um von Frau G. R. geborene A. Abschied zu nehmen. Nach neun Jahren langer, schwerer Krankheit ist sie im Kreis ihrer Familie heimgegangen zu ihrem himmlischen Vater.

Frau G. R. stammte aus N., wo sie mit vier Geschwistern auf einem Bauernhof groß wurde. Schon früh lernte sie, auf dem Hof mit anzupacken, Arbeit zu sehen und sie zu tun. Auch schon als Kind lernte sie den Glauben an den lebendigen Gott kennen.

Es war für sie eine große Veränderung, als sie 1951 nach ihrer Hochzeit mit Ihnen, lieber Herr R., nach Ö. kam. Sie schloss sich der evangelischen Gemeinde an und gründete mit sieben Frauen einen Mütterkreis, der bis heute besteht, dem sie bis zu ihrem Tod angehörte. Diese Verbindung war ihr sehr wichtig. Im Krankenhaus erzählte sie mir einmal, dass sie sich von diesem Kreis getragen fühlte: von ihren Gebeten, ihrer Zuwendung, ihrer Anteilnahme und ihrer Treue in alldem.

Vor neun Jahren wurde bei Frau R. Krebs festgestellt. Eine Zeit mit Schmerzen, Hoffnungen, Krankenhausaufenthalten, aber auch eine Zeit mit vielen schönen Reisen und Erlebnissen begann. So paradox es klingt, die Krankheit machte ihr Leben intensiver, inniger, bewusster. Frau R. sprach über ihre Krankheit, aber sie jammerte nicht. Ich denke, sie hat – ohne es vielleicht zu merken – viele zum Nachdenken gebracht, andere wurden ermutigt durch die tapfere Art, wie sie ihre Krankheit trug, mit ihr kämpfte und nach Rückschlägen wieder von vorne begann.

Ihre Krankheit hielt sie nicht davon ab, weiterhin der Mittelpunkt der Familie zu sein. Es machte ihr Freude, andere zu bewirten, Menschen, die ihr lieb waren, um sich zu scharen, für sie zu kochen und zu backen und bei alldem immer auch mal etwas Neues auszuprobieren. Die Blumen im Garten waren ihre große

Freude. Vielleicht drückte sich in den Formen und Farben der Blumen der Lebenswille Ihrer Frau aus. Vielleicht hat sie sich mit so vielem Schönen umgeben, um Kraft für ihren Kampf mit dem Krebs zu bekommen.

Es hat Ihrer Frau, Ihrer Mutter gut getan – an Leib und Seele –, dass sie von ihrer Familie so liebevoll umgeben und begleitet war. Dass sie zu Hause in ihrer vertrauten Umgebung, in Haus und Garten ihren Lebensabend verbringen durfte. Nach vielen Schmerzen ist sie dann zum Schluss ganz ruhig eingeschlafen. Frau R. wusste, dass es auf den Tod zuging. Aber sie wusste auch um die Hoffnung: Sterben heißt zu Gott gehen. Sie haben es über die Todesanzeige gesetzt:

Jesus nimmt die Sünder an;
mich hat er auch angenommen
und den Himmel aufgetan,
dass ich selig zu ihm kommen
und auf den Trost sterben kann:
Jesus nimmt die Sünder an. (EG 353, 8)

„Dass ich selig zu ihm kommen und auf den Trost sterben kann." Durch diese Hoffnung bekam Frau R.s Krankheit eine andere Färbung. Sie wurde nicht geheilt, aber in eine andere Dimension des Vertrauens geführt.

So verstehe ich auch den Vers aus dem 37. Psalm (Vers 4), der Ihre Frau ihr Leben lang begleitet hat:

Habe deine Lust am Herrn; der wird dir geben, was dein Herz wünscht. (Psalm 37,4)

Ich denke, diese Weisheit bezieht sich nicht auf oberflächliche, kurzlebige Wünsche nach Glück, danach, keine Sorgen oder Probleme zu haben. Sondern es geht um die Tiefe in uns, um das, was wir in der Tiefe unseres Herzens, in unserer Personmitte wünschen; was wir von Gott erbitten, was er in unserem und durch unser Leben wirken möge.

Was Frau R. in der Tiefe ihres Herzens sich von Gott gewünscht hat, wird ihr Geheimnis mit Gott bleiben. Von außen aber können wir erkennen, was ihr geschenkt wurde:

> dass sie mit Gutem und Barmherzigkeit umgeben war – ihr Leben lang,
> dass sie im Hause des Herrn geblieben ist – ihr Leben lang,
> dass sie in den dunklen Tälern begleitet wurde,
> dass es in all dem Schweren auch grüne Auen und frisches Wasser für sie gab,
> dass andere durch sie ermutigt worden sind,
> dass sie für andere ein Segen war,
> dass sie in ihrer Schwäche anderen die Gelegenheit gab, ihr Gutes tun zu können,
> dass andere durch ihr Leiden angerührt wurden und Barmherzigkeit lernten,
> dass sie von einer größeren Hand gehalten wurde, als es unsere Hände tun können.

Auf geheimnisvolle Weise wirkt Gott in unser Leben hinein. Manches erkennen wir erst im Rückblick, manches werden wir unterwegs gewahr, anderes findet seine Erfüllung erst in der Zukunft.

Frau G. R. ist tot. Ihre Schmerzen haben ein Ende. Sie darf Gott schauen, wie er ist. Sie ist uns voran gegangen. Der Verlust tut weh. Sie werden lernen müssen, ohne sie zu leben. Und doch – auf andere Weise auch lernen, mit ihr zu leben: mit dem, was sie Ihnen bedeutet hat, worin sie Ihr Leben bereichert hat, was Sie von ihr gelernt haben und in Ihnen weiter wachsen will. Möge Gott Sie dabei behüten und in seinen Frieden einhüllen. Amen.

Wie lieb sind mir deine Wohnungen, Herr Zebaoth!
Meine Seele verlangt und sehnt sich nach den Vorhöfen des Herrn;
mein Leib und Seele freuen sich
in dem lebendigen Gott.
Der Vogel hat ein Haus gefunden
und die Schwalbe ein Nest für ihre Jungen –
deine Altäre, Herr Zebaoth,
mein König und mein Gott.
Wohl denen, die in deinem Hause wohnen;
die loben dich immerdar.
Wohl den Menschen, die dich für ihre Stärke halten
und von Herzen dir nachwandeln!
Wenn sie durchs dürre Tal ziehen, wird es ihnen zum Quellgrund,
und Frühregen hüllt es in Segen.
Sie gehen von einer Kraft zur andern
und schauen den wahren Gott in Zion.
Herr, Gott Zebaoth, höre mein Gebet;
vernimm es, Gott Jakobs!
Gott, unser Schild, schaue doch;
sieh doch an das Antlitz deines Gesalbten!
Denn ein Tag in deinen Vorhöfen
ist besser als sonst tausend.
Ich will lieber die Tür hüten in meines Gottes Hause
als wohnen in der Gottlosen Hütten.
Denn Gott der Herr ist Sonne und Schild;
der Herr gibt Gnade und Ehre.
Er wird kein Gutes mangeln lassen den Frommen.
Herr Zebaoth, wohl dem Menschen,
der sich auf dich verlässt!

Psalm 84 / EG 735, 1 – 2

Der Anfang, das Ende, ach Herr, sie sind dein,
die Spanne dazwischen, das Leben, war mein.
Und irrt ich im Dunkel und fand mich nicht aus,
bei dir, Herr, ist Klarheit, und Licht ist dein Haus.

Noch eine kurze Zeit, dann ist's gewonnen,
dann ist der ganze Streit in Nichts zerronnen,
dann will ich laben mich an Lebensbächen
und ewig, ewiglich mit Jesus sprechen.

Inschrift am Grab von Søren Kierkegaard

Klug werden – Psalm 90

Herr, du bist unsre Zuflucht für und für.
Ehe denn die Berge wurden
und die Erde und die Welt geschaffen wurden,
bist du, Gott, von Ewigkeit zu Ewigkeit.
Der du die Menschen lässest sterben
und sprichst: Kommt wieder, Menschenkinder!
Denn tausend Jahre sind vor dir wie der Tag, der gestern vergangen ist,
und wie eine Nachtwache.
Du lässest sie dahinfahren wie einen Strom,
sie sind wie ein Schlaf,
wie ein Gras, das am Morgen noch sprosst,
das am Morgen blüht und sprosst
und des Abends welkt und verdorrt.
Das macht dein Zorn, dass wir so vergehen,
und dein Grimm, dass wir so plötzlich dahinmüssen.
Denn unsre Missetaten stellst du vor dich,
unsre unerkannte Sünde ins Licht vor deinem Angesicht.
Darum fahren alle unsre Tage dahin durch deinen Zorn,
wir bringen unsre Jahre zu wie ein Geschwätz.
Unser Leben währet siebzig Jahre,
und wenn's hoch kommt, so sind's achtzig Jahre,
und was daran köstlich scheint, ist doch nur vergebliche Mühe;
denn es fähret schnell dahin, als flögen wir davon.
Wer glaubt's aber, dass du so sehr zürnest,
und wer fürchtet sich vor dir in deinem Grimm?
Lehre uns bedenken, dass wir sterben müssen,
auf dass wir klug werden.

Psalm 90 / EG 738, 1

Liebe Familie V., Familie E., liebe Trauergemeinde!

Wir sind hier zusammengekommen, um von Ihrer Mutter, Frau H. E. geborene B., Abschied zu nehmen. Im hohen Alter von 82 Jahren ist sie am Mittwoch plötzlich und unerwartet gestorben. Mitten im Leben, mitten in den gewohnten Abläufen kam der Tod, leise und schnell. Für Sie als Angehörige unfassbar, überraschend, irritierend. Für Ihre Mutter vielleicht angenehm, ohne langes Leiden, ohne Schmerzen und Qual.

Frau H. E. stammte gebürtig aus W. und hat dann lange Zeit mit ihrer Familie in U. gelebt. Hier hatte sie viele Verbindungen und darum wird sie auch hier auf diesem Friedhof zur letzten Ruhe gebettet.

Ihr Leben war geprägt von der Sorge und Fürsorge für andere. Vielleicht kamen in ihrem Leben Gabe und Aufgabe zusammen, nämlich: Gabe und Aufgabe, für andere da zu sein. Sie haben sie mir als eine großzügige und liebevolle Frau geschildert. Es gehörte zu ihrer Lebensaufgabe, vor 32 Jahren ihren Schwager mit in ihre familiäre Obhut zu nehmen und für ihn zu sorgen. Als ihr Mann vor 17 Jahren starb, hatte sie den Mut, diese Verantwortung allein weiterzutragen – bis zu ihrem Tod.

Sie, lieber Herr E., und Ihre Schwägerin waren ein gut eingespieltes Team. Sie haben sich die Arbeit im Haushalt geteilt und früher manch schönen Ausflug in die Umgebung unternommen. Sie waren in guter Weise aufeinander angewiesen und schätzten sich gegenseitig.

Die letzten Jahre haben Sie, liebe Familie V., und Sie, Herr E., Ihre Mutter unterstützt, als ihre Kräfte nachließen. Sie haben sie zu sich in die Nähe geholt, haben ihr ihre Selbstständigkeit belassen und waren doch zur Stelle, wo es nötig war. Sie wussten, was Sie einander bedeuteten und was Sie einander verdanken. Sie wissen, dass Leben, gelingendes Leben nicht selbstverständlich ist, sondern ein Geschenk, das der sorgfältigen, liebevollen Pflege bedarf. Das macht den Abschied zunächst so schwer. Auch weil der Tod so plötzlich kam. Und doch können die tiefe Verbundenheit, der gegenseitige Respekt bei der Rückschau auch Dankbarkeit in Ihnen auslösen. Dankbarkeit für das, was Sie aneinander hatten, was Sie einander geschenkt haben, was Sie voneinander empfangen haben. Dankbarkeit für das, was Sie von Ihrer Mutter gelernt haben, wo Sie in der Auseinandersetzung mit ihr gewachsen und gereift sind für Ihr eigenes Leben.

Frau H. E. ist tot. Mit ihrem Tod besinnen wir uns auf das, was unser Leben umgreift, was höher und tiefer ist als wir selbst, was auch über den Tod hinaus bleibt.

Sie haben es über die Todesanzeige gesetzt: Herr, du bist unsere Zuflucht für und für (Psalm 90,1). Damit beginnt der 90. Psalm, sozusagen als Überschrift über die Gedanken angesichts der Vergänglichkeit allen Lebens:

> *Ehe denn die Berge wurden und die Erde und die Welt geschaffen wurden, bist du, Gott, von Ewigkeit zu Ewigkeit.*

Vor allem und nach allem wird Gott sein. Das ist der Orientierungspunkt für das Nachdenken über das Leben und den Tod. Der Beter oder die Beterin aus alter Zeit wussten: Es kostet Mut, über die Vergänglichkeit, über das schnell dahinfahrende Leben nachzudenken, der Realität ins Auge zu sehen: „… dass unser Leben 70 Jahre währet, und wenn es hoch kommt, so sind es 80 Jahre, und was daran köstlich scheint, ist doch nur vergebliche Mühe."

Doch der Psalmbeter bleibt nicht dabei stehen, diese nüchterne Wirklichkeit zu beklagen, sondern er gewinnt daraus eine Aufmerksamkeit für das Gegenwärtige und Wesentliche. Aus der Endlichkeit des Lebens gewinnt er die Motivation, die gewährte Lebenszeit zu nutzen.

Herr, lehre uns bedenken, dass wir sterben müssen, auf dass wir klug werden.

Klug werden, das meint doch, nach dem Wesentlichen zu schauen; nach dem, was unser Leben tief und reich macht, wovon wir und andere leben können; all das, was unsere Ehrfurcht vor dem Leben wachsen lässt.

Klug werden bedeutet, auf Gott zu schauen, von ihm Orientierung und Ermutigung für unser Leben zu empfangen. Klug werden meint dann auch, sich bei Gott geborgen zu wissen – im Leben und im Sterben und über den Tod hinaus. Dass unser Leben gehalten ist von ihm, in den guten und in den schlechten Tagen. Man könnte auch sagen: gelassen werden. Sich einem anderen, einem Größeren, sich Gott überlassen.

Der Beter aus alter Zeit schlägt einen Bogen. Aus der nüchternen Feststellung, wie begrenzt unser Leben ist – 70 oder 80 Jahre lang –, bittet er Gott darum, sich das eigene Sterbenmüssen im Bewusstsein zu halten, um klug zu werden. Und dann endet der Psalm, das Gebet mit diesen Worten:

Und der Herr, unser Gott, sei uns freundlich und fördere das Werk unserer Hände bei uns. Ja, das Werk unserer Hände wollest du fördern!

Der Blick ist wieder auf das Leben gerichtet – auf das Leben der Lebenden.

Herr, du bist unsere Zuflucht für und für.

Das gilt für Ihre Mutter, die jetzt bei Gott ist. Das gilt auch für Sie, die Sie um Frau E. trauern. Das sei Ihnen Trost und Ermutigung für die Aufgaben, die auf Sie zukommen.

Herr, du bist unsere Zuflucht für und für. Amen.

Ich bin der gute Hirte. Der gute Hirte lässt sein Leben für die Schafe. Der Mietling aber, der nicht Hirte ist, dem die Schafe nicht gehören, sieht den Wolf kommen und verlässt die Schafe und flieht – und der Wolf stürzt sich auf die Schafe und zerstreut sie –, denn er ist ein Mietling und kümmert sich nicht um die Schafe. Ich bin der gute Hirte und kenne die Meinen und die Meinen kennen mich, wie mich mein Vater kennt und ich kenne den Vater. Und ich lasse mein Leben für die Schafe. Meine Schafe hören meine Stimme, und ich kenne sie und sie folgen mir; und ich gebe ihnen das ewige Leben, und sie werden nimmermehr umkommen, und niemand wird sie aus meiner Hand reißen. Mein Vater, der mir sie gegeben hat, ist größer als alles, und niemand kann sie aus des Vaters Hand reißen. Ich und der Vater sind eins.

Johannes 10,11 – 15.27 – 30

Deshalb muss man zusehen, dass man ja mit großen Freuden des Herzens danke seinem göttlichen Willen, weil er mit uns wider Tod, Sünde und Hölle so wunderbar, reichlich und unermesslich Gnade und Barmherzigkeit übt, und sich nicht so sehr vor dem Tod fürchten, sondern nur seine Gnade preisen und lieben. Denn die Liebe und das Lob erleichtern das Sterben gar sehr, wie er sagt durch Jesaja: „Ich will zäumen deinen Mund mit meinem Lob, dass du nicht untergehest" (Jesaja 48,9). Dazu helfe uns Gott. Amen.

Martin Luther[8]

Wie die Träumenden – Psalm 126

Wenn der Herr die Gefangenen Zions erlösen wird,
so werden wir sein wie die Träumenden.
Dann wird unser Mund voll Lachens
und unsre Zunge voll Rühmens sein.
Dann wird man sagen unter den Heiden:
Der Herr hat Großes an ihnen getan!
Der Herr hat Großes an uns getan;
des sind wir fröhlich.
Herr, bringe zurück unsre Gefangenen,
wie du die Bäche wiederbringst im Südland.
Die mit Tränen säen, werden mit Freuden ernten.
Sie gehen hin und weinen und streuen ihren Samen
und kommen mit Freuden und bringen ihre Garben.

Psalm 126 / EG 754

Liebe Trauergemeinde!

Wir sind von unterschiedlichen Orten zusammengekommen, um Frau K. F. zu Grabe zu tragen, die im Alter von 82 Jahren nach schwerer Krankheit verstorben ist. Wir versammeln uns hier im Namen des dreieinigen Gottes, dem wir im Leben und im Sterben gehören.

Frau F. stammte aus Sachsen, wo sie viele Jahre lebte. Sie war eine begabte junge Frau, als sie für das Studium und den sich anschließenden Schuldienst ausgewählt wurde. In L. studierte sie die Fächer Deutsch, Geschichte und Sport. Gerne übte sie ihren Beruf als Oberstudienrätin aus. Der 2. Weltkrieg schrieb seine grausame Spur auch in das Leben von Frau F. In der DDR wurde sie aus dem Schuldienst entlassen. Sie musste sich ihren Lebensunterhalt anderweitig verdienen. So nahm sie Arbeit an bei der Bahn, später als Bauarbeiterin, bis sie sich entschloss, bei einem bekannten Fotografen eine Fotolehre zu beginnen. Diese neue Tätigkeit lag ihr, sie entwickelte sich zu einer guten Fotografin, die mehrmals für ihre Bilder ausgezeichnet wurde.

Vor dem Mauerbau flüchtete Frau F.s Mutter in den Westen. Sie traf Vorbereitungen dafür, dass ihre Tochter ihr folgen konnte. Die Flucht gelang und Frau F. konnte in T. am Gymnasium wieder als Lehrerin arbeiten. Im Kollegium und bei der Schülerschaft war sie gleichermaßen beliebt.

Es war ihr vergönnt, weit weg von ihrer Heimat nach vielen Jahren – ein wenig durch Zufall – Weggefährtinnen aus alter Zeit wieder zu finden, mit denen der Kontakt bis zum Schluss lebendig geblieben ist.

Frau F. hatte viele Interessen; sie liebte Musik, ging gerne ins Theater und in die Oper; sie fuhr gerne ins Grüne und in die Berge. Sie pflegte ihre Freundschaften aus alter Zeit.

Die letzten zwei Jahre war sie durch ihre Krankheit auf Hilfe angewiesen. Ihr schweres Leiden hat sie tapfer und ohne Klagen getragen. Ihre freundliche, bescheidene Art machte es den Menschen leicht, sie zu mögen. Regelmäßig bekam sie Besuch, freute sich über Ansprache.

Mit viel Fürsorge und Liebe wurde Frau F. umgeben. Da sie keine Angehörigen mehr hatte, traten Schwestern und Pfleger vom ambulanten Pflegedienst, Freundinnen aus alter Zeit und Sie, lieber Herr T., stellvertretend an diese Stelle. Dafür sei Ihnen allen herzlich gedankt.

Nicht allein zu sein in ihrem Leiden, auch in der Schwäche zu spüren, dass sie angenommen und willkommen war, hat ihr den schweren Weg durch die Krankheit etwas erleichtert.

Nun ist sie gestorben. Ihr langes Leben hat sich geschlossen. Sie ist von ihrem Leiden erlöst. Die Liebe, die sie empfangen hat, war ein Vorgeschmack auf die ewige Güte Gottes, von der sie in der Auferstehung umhüllt sein wird.

Der Seher Johannes hat es in seiner Vision vom Ende der Zeiten so beschrieben:

> *Und ich sah einen neuen Himmel und eine neue Erde; denn der erste Himmel und die erste Erde sind vergangen, und das Meer ist nicht mehr. Und ich sah die heilige Stadt, das neue Jerusalem, von Gott aus dem Himmel herabkommen, bereitet wie eine geschmückte Braut für ihren Mann. Und ich hörte eine große Stimme von dem Thron her, die sprach: Siehe da, die Hütte Gottes bei den Menschen! Und er wird bei ihnen wohnen, und sie werden sein Volk sein und er selbst, Gott mit ihnen, wird ihr Gott sein; und Gott wird abwischen alle Tränen von ihren Augen, und der Tod wird nicht mehr sein, noch Leid noch Geschrei noch Schmerz wird mehr sein; denn das Erste ist vergangen. Und der auf dem Thron saß, sprach: Siehe, ich mache alles neu! Und er spricht: Schreibe, denn diese*

Worte sind wahrhaftig und gewiss! Und er sprach zu mir: Es ist geschehen. Ich bin das A und das O, der Anfang und das Ende. Ich will dem Durstigen geben von der Quelle des lebendigen Wassers umsonst. Wer überwindet, der wird es alles ererben, und ich werde sein Gott sein und er wird mein Sohn sein.

Offenbarung 21,1 – 7

Glauben Sie fragte man mich
An ein Leben nach dem Tode
Und ich antwortete: ja
Aber dann wußte ich
Keine Auskunft zu geben
Wie das aussehen sollte
Wie ich selber aussehen sollte
Dort

Ich wußte nur eines
Keine Hierarchie
Von Heiligen auf goldnen Stühlen sitzend
Kein Niedersturz
Verdammter Seelen
Nur
Nur Liebe frei gewordne
Niemals aufgezehrte
Mich überflutend

Kein Schutzmantel starr aus Gold
Mit Edelsteinen besetzt
Ein spinnwebenleichtes Gewand
Ein Hauch
Mir um die Schultern

Liebkosung schöne Bewegung
Wie einst von tyrrhenischen Wellen
Wie von Worten die hin und her
Wortfetzen
Komm du komm

Schmerzweb mit Tränen besetzt
Berg-und-Tal-Fahrt
Und deine Hand
Wieder in meiner
So lagen wir lasest du vor
Schlief ich ein
Wachte auf
Schlief ein
Wache auf
Deine Stimme empfängt mich
Entläßt mich und immer
So fort

Mehr also, fragen die Frager
Erwarten Sie nicht nach dem Tode?
Und ich antworte
Weniger nicht.

Marie-Luise Kaschnitz[9]

Ankommen – Psalm 23

Euer Herz erschrecke nicht! Glaubt an Gott und glaubt an mich! In meines Vaters Hause sind viele Wohnungen. Wenn's nicht so wäre, hätte ich dann zu euch gesagt: Ich gehe hin, euch die Stätte zu bereiten? Und wenn ich hingehe, euch die Stätte zu bereiten, will ich wiederkommen und euch zu mir nehmen, damit ihr seid, wo ich bin. Und wo ich hingehe, den Weg wisst ihr. Spricht zu ihm Thomas: Herr, wir wissen nicht, wo du hingehst; wie können wir den Weg wissen? Jesus spricht zu ihm: Ich bin der Weg und die Wahrheit und das Leben; niemand kommt zum Vater denn durch mich.

Johannes 14,1 – 6

Liebe Familie A., liebe Trauergemeinde!

Frau L. A. ist im Alter von 72 Jahren in der vergangenen Woche verstorben. Ein langes, bewegtes Leben ist an sein Ende gekommen.

Frau A.s Heimat war M. im Erzgebirge. Als junge Frau ließ sie sich zur Krankenschwester ausbilden und danach zur Erzieherin. Über ihren Beruf lernte sie ihren Mann kennen, der auch als Erzieher arbeitete.

Nach dem Krieg traten sie zusammen die Flucht über die Grenze in den Westen an. Ihre Kinder wurden geboren und es begann eine Zeit mit vielfältigem äußeren Wechsel. Zusammen mit ihrem Mann leitete sie verschiedene Häuser und Heime für Kinder, Jugendliche, Arbeiter oder Lehrlinge. Diese Arbeit brachte es mit sich, dass sie in diesen Jahren etwa 17- oder 18-mal in ganz Deutschland umgezogen sind. Das bedeutete immer wieder die Zelte abzubrechen, Abschied zu nehmen und irgendwo neu anzufangen. Seit den 70er Jahren dann wohnte Frau A. mit ihrer Familie in B.

Es war für sie ein großer Einschnitt, als ihr Mann 1972 starb. Sie lernte, alleine zurechtzukommen. Später suchte sie sich eine Wohnung in W., wo sie sich wohl gefühlt hat. Gerne hütete sie ihre Enkelkinder und nahm damit ihren Kindern manche Arbeit ab. In den letzten Jahren nahm ihre Kraft ab; sie bezog eine Wohnung in G., die ihren gesundheitlichen Bedürfnissen besser entsprach.

Ein leichter und dann ein schwerer Schlaganfall trafen sie, sodass sie in ihren Möglichkeiten sehr eingeschränkt war.

Nach langem Leiden ist sie nun gestorben. Ihre Lebensreise hat ein Ende. Ihr Leben ist zurückgegangen zu dem, der ihr das Leben einst geschenkt hatte. Sie haben sich für diese Trauerfeier den 23. Psalm gewünscht, den ich zu Beginn gelesen habe. Das Bild vom Hirten, der mit seinen Schafen umherzieht von einer Wiese zur nächsten, passt zu der Biografie Ihrer Mutter. Sie wusste etwas von Umherziehen, Weiterziehen, neue Wiesen suchen und finden. Oft hat sie das getan, um ihre Familie zu ernähren, um bessere Bedingungen zu ermöglichen.

In unserem Psalm ist Gott der gute Hirte und wir Menschen sind die Schafe in seiner Herde. Gott sorgt für uns Menschen, die Schafe können sich auf ihn als den guten Hirten verlassen. Er führt sie dahin, wo sie genug haben für Leib und Seele. Er geht mit uns, wenn wir durch schwierige Lebensphasen müssen. Einer ist da, wenn uns alle anderen verlassen, wenn sonst keiner uns in unserem Leiden verstehen kann, wenn der Kontakt nach außen durch Krankheit eingeschränkt ist. Gott ist der gute Hirte für uns. Es ist in der Höhe und in der Tiefe einer da, der für mich sorgt, der auf mich Acht gibt, bei dem ich die Zügel aus der Hand legen kann.

Vielleicht ist es manchmal schwer, das für sich selber zuzulassen, weil wir gerne selbst bestimmen und organisieren. Aber in der Tiefe ist es tröstlich zu wissen und zu erfahren, dass letztlich mein Leben – und auch mein Sterben – gehalten sind. Gehalten von größeren Händen als es unsere Hände sind. Dass da einer hingeht und da bleibt, wo wir Menschen nicht hingelangen können. Dass einer da ist, der Leben und Tod kennt, der auch über den Tod hinaus uns kennt und trägt.

… und ich werde bleiben im Hause des Herrn immerdar.

Dieses Bild spricht von dem Zuhause, das wir bei Gott haben können. Ein Zuhause schon zu Lebzeiten. Und ein Zuhause, das über den Tod hinaus bestehen bleibt. Ein ewiges Zuhause. Vielleicht war das die Sehnsucht Ihrer Mutter, irgendwo anzukommen, irgendwo ganz heimisch und zugehörig zu werden und zu bleiben.

Ihre Lebensreise hat ein Ende. Sie ist angekommen bei Gott, in seinem ewigen Zuhause. Dort findet sie Frieden für ihren Leib und ihre Seele.

Der Herr ist mein Hirte, mir wird nichts mangeln.
Er weidet mich auf einer grünen Aue
und führet mich zum frischen Wasser.
Er erquicket meine Seele
Er führet mich auf rechter Straße um seines Namens willen.
Und ob ich schon wanderte im finstern Tal; fürchte ich kein Unglück;
denn du bist bei mir, dein Stecken und Stab trösten mich.
Du bereitest vor mir einen Tisch im Angesicht meiner Feinde.
Du salbest mein Haupt mit Öl und schenkest mir voll ein.
Gutes und Barmherzigkeit werden mir folgen mein Leben lang,
und ich werde bleiben im Hause des Herrn immerdar.

Psalm 23 / EG 710

Man muß weggehen können
und doch sein wie ein Baum:
als bliebe die Wurzel im Boden,
als zöge die Landschaft und wir ständen fest.
Man muß den Atem anhalten,
bis der Wind nachläßt
und die fremde Luft um uns zu kreisen beginnt,
bis das Spiel von Licht und Schatten,
von Grün und Blau,
die alten Muster zeigt
und wir zuhause sind,
wo es auch sei,
und niedersitzen können und uns anlehnen,
als sei es an das Grab
unserer Mutter.

Hilde Domin[10]

Gerufen – 1. Korinther 15,12–58

Herr, neige deine Ohren und erhöre mich;
denn ich bin elend und arm.
Bewahre meine Seele, denn ich bin dein.
Hilf du, mein Gott, deinem Knechte,
der sich verlässt auf dich.
Herr, sei mir gnädig;
denn ich rufe täglich zu dir.
Erfreue die Seele deines Knechts;
denn nach dir, Herr, verlangt mich.
Denn du, Herr, bist gut und gnädig,
von großer Güte allen, die dich anrufen.
Vernimm, Herr, mein Gebet
und merke auf die Stimme meines Flehens!
In der Not rufe ich dich an;
du wollest mich erhören!
Weise mir, Herr, deinen Weg,
dass ich wandle in deiner Wahrheit;
erhalte mein Herz bei dem einen,
dass ich deinen Namen fürchte.

Psalm 86 / EG 737

Liebe Familie Ü., liebe Trauergemeinde!

Wir nehmen Abschied von H. Ü. geborene S., die im Alter von 87 Jahren am vergangenen Sonntag, dem 2. Advent, verstorben ist. Angesichts des Todes fragen wir nach der Hoffnung, die wir als Christinnen und Christen haben, fragen wir danach, was in aller Vergänglichkeit uns Halt gibt, fragen wir, woher wir kommen und wohin wir gehen. Was ist der Mensch? Was bedeutet es zu leben und dann auch zu sterben?

Angesichts des Todes feiern wir Gottesdienst im Namen des dreieinigen Gottes, der die Quelle und das Ziel allen Lebens ist.

Wir erinnern uns an einige Stationen im Leben Ihrer Mutter. Frau H. Ü. wurde 1910 in H. geboren. Ihre beiden Brüder kamen im 1. Weltkrieg ums Leben, sodass Fr. Ü. schon früh Tod und Verlust kennen lernte. Nach ihrer Heirat ging sie mit ihrem Mann nach dem Krieg nach W. Ihr Mann war blind aus dem Krieg zurückgekommen und es wurde zu einer ihrer Lebensaufgaben, ihren Mann so zu unterstützen, dass er mit seiner Blindheit trotzdem voll berufstätig war und die Familie ernähren konnte. Dazu gehörten eine große Portion Mut, Flexibilität und Geduld. Gemeinsam haben Ihre Mutter und Ihr Vater es geschafft. Dass Ihre Mutter eine großzügige und friedfertige Frau war, hat ihr bei dieser schweren Aufgabe geholfen.

In den folgenden Jahren stand die Pflege ihrer engsten Familienangehörigen im Mittelpunkt. Sie zog ihre Enkeltochter mit groß; Frau Ü. war zur Stelle, packte fürsorglich und tatkräftig an, als es hieß, die Mutter, den Vater, die Großmutter und zuletzt den Ehemann zu Hause bis zum Tod zu pflegen. Es war für sie ein tiefes Tal, als 1982 ihr Mann starb. Sie blieb allein in ihrem Haus in T. zurück. Wieder galt es, sich auf eine neue Situation einzustellen – und wieder schaffte sie es, auf die ihr eigene Art, die Herausforderung anzunehmen und zu bewältigen.

Es half ihr, schöne Reisen zu unternehmen, die Kontakte aus alter Zeit weiter zu pflegen, zu lesen und zu handarbeiten.

Der herzliche Kontakt zu Nachbarn und Freunden hielt sie lebendig und fröhlich trotz der langen Monate voller Krankheit. Es war für alle Beteiligten ein Segen, dass Ihre Mutter zum Sterben aus dem Krankenhaus entlassen wurde und in ihrer vertrauten Umgebung, begleitet von ihrer lieben Familie, dann ihr Leben losgelassen hat.

„Auch der Tod ist eine Lebenserfahrung“, so haben Sie es in unserem Gespräch formuliert. Das passt zu den Versen von Hermann Hesse, die Sie über die Todesanzeige Ihrer Mutter gesetzt haben. Da ist vom Beginnen und vom Beenden die Rede, ja dass für jeden neuen Anfang zuvor ein Abschied genommen werden muss. Ich lese Ihnen diese Verse vor:

Wie jede Blüte welkt und jede Jugend
dem Alter weicht, blüht jede Lebensstufe,
blüht jede Weisheit auch und jede Tugend
zu ihrer Zeit und darf nicht ewig dauern.
Es muß das Herz bei jedem Lebensrufe
bereit zum Abschied sein und Neubeginne,
um sich, in Tapferkeit und ohne Trauern,
in andre, neue Bindungen zu geben.
Und jedem Anfang wohnt ein Zauber inne,
der uns beschützt und der uns hilft zu leben.

Wir sollen heiter Raum um Raum durchschreiten,
an keinem wie an einer Heimat hängen,
der Weltgeist will nicht fesseln uns und engen,
er will uns Stuf' um Stufe heben, weiten.
Kaum sind wir heimisch einem Lebenskreise
und traulich eingewohnt, so droht Erschlaffen.
Nur wer bereit zu Aufbruch ist und Reise,
mag lähmender Gewöhnung sich entraffen.

Es wird vielleicht auch noch die Todesstunde
uns neuen Räumen jung entgegensenden;
des Lebens Ruf an uns wird niemals enden.
Wohlan denn, Herz, nimm Abschied und gesunde! (Hermann Hesse)

Ich denke, diese Verse passen zu dem Leben Ihrer Mutter. Immer wieder war sie bereit, den jeweiligen „Lebensruf" zu hören und ihm zu folgen. Sie wusste etwas von dem Geheimnis, von dem Zauber, der jedem Anfang innewohnt, der uns beschützt und der uns hilft zu leben. Auch der Tod ist ein neuer Anfang, für den, der stirbt, und für die, die zurückbleiben. Der Tod ist Durchgang, ist Neubeginn.

Darüber spricht der Apostel Paulus in dem großen Kapitel über die Auferstehung von den Toten:

Wenn aber Christus gepredigt wird, dass er von den Toten auferstanden ist, wie sagen dann einige unter euch: Es gibt keine Auferstehung der Toten? Gibt es keine Auferstehung der Toten, so ist auch Christus nicht auferstanden. Ist aber Christus nicht auferstanden, so ist unsre Predigt vergeblich, so ist auch euer Glaube vergeblich. Wir würden dann auch als falsche Zeugen Gottes befunden, weil wir gegen Gott bezeugt hätten, er habe Christus auferweckt, den er nicht auferweckt hätte, wenn doch die Toten nicht auferstehen. Denn wenn die Toten nicht auferstehen, so ist Christus auch nicht auferstanden. Ist Christus aber nicht auferstanden, so ist euer Glaube nichtig, so seid ihr noch in euren Sünden; so sind auch die, die in Christus entschlafen sind, verloren. Hoffen wir allein in diesem Leben auf Christus, so sind wir die elendesten unter allen Menschen.

Nun aber ist Christus auferstanden von den Toten als Erstling unter denen, die entschlafen sind. Denn da durch einen Menschen der Tod gekommen ist, so kommt auch durch einen Menschen die Auferstehung der Toten. Denn wie sie in Adam alle sterben, so werden sie in Christus alle lebendig gemacht werden. Ein jeder aber in seiner Ordnung: als Erstling Christus; danach, wenn er kommen wird, die, die Christus angehören; danach das Ende, wenn er das Reich Gott, dem Vater, übergeben wird, nachdem er alle Herrschaft und alle Macht und Gewalt vernichtet hat. Denn er muss herrschen, bis Gott ihm „alle Feinde unter seine Füße legt" (Psalm 110,1). Der letzte Feind, der vernichtet wird, ist der Tod. Denn „alles hat er unter seine Füße getan" (Psalm 8,7).

Wenn die Toten nicht auferstehen, dann „lasst uns essen und trinken; denn morgen sind wir tot!" (Jesaja 22,13) Lasst euch nicht verführen! Schlechter Umgang verdirbt gute Sitten. Werdet doch einmal recht nüchtern und sündigt nicht! Denn einige wissen nichts von Gott; das sage ich euch zur Schande.

Es könnte aber jemand fragen: Wie werden die Toten auferstehen, und mit was für einem Leib werden sie kommen? Du Narr: Was du säst, wird nicht lebendig, wenn es nicht stirbt. Und was du säst, ist ja nicht der Leib, der werden soll, sondern ein bloßes Korn, sei es von Weizen oder etwas anderem. Gott aber gibt ihm einen Leib, wie er will, einem jeden Samen seinen eigenen Leib. Nicht alles Fleisch ist das gleiche Fleisch, sondern ein anderes Fleisch haben die Menschen, ein anderes das Vieh, ein anderes die Vögel, ein anderes die Fische. Und es gibt himmlische Körper und irdische Körper; aber eine andere Herrlichkeit haben die himmlischen und eine andere die irdischen. Einen andern Glanz hat die Sonne, einen andern Glanz hat der Mond, einen andern Glanz haben die Sterne; denn ein Stern unterscheidet sich vom andern durch seinen Glanz. So auch die Auferstehung der Toten. Es wird gesät verweslich und wird auferstehen unverweslich. Es wird gesät in Niedrigkeit und wird auferstehen in Herrlichkeit. Es wird gesät in Armseligkeit und wird auferstehen in Kraft. Es wird gesät ein natürlicher Leib und wird auferstehen ein geistlicher Leib. Gibt es einen natürlichen Leib, so gibt es auch einen geistlichen Leib. Wie geschrieben steht:

Der erste Mensch, Adam, „wurde zu einem lebendigen Wesen" (1. Mose 2,7), und der letzte Adam zum Geist, der lebendig macht. Aber der geistliche Leib ist nicht der erste, sondern der natürliche; danach der geistliche. Der erste Mensch ist von der Erde und irdisch; der zweite Mensch ist vom Himmel. Wie der irdische ist, so sind auch die irdischen; und wie der himmlische ist, so sind auch die himmlischen. Und wie wir getragen haben das Bild des irdischen, so werden wir auch tragen das Bild des himmlischen. Das sage ich aber, liebe Brüder, dass Fleisch und Blut das Reich Gottes nicht ererben können; auch wird das Verwesliche nicht erben die Unverweslichkeit.

Siehe, ich sage euch ein Geheimnis: Wir werden nicht alle entschlafen, wir werden aber alle verwandelt werden; und das plötzlich, in einem Augenblick, zur Zeit der letzten Posaune. Denn es wird die Posaune erschallen, und die Toten werden auferstehen unverweslich, und wir werden verwandelt werden. Denn dies Verwesliche muss anziehen die Unverweslichkeit, und dies Sterbliche muss anziehen die Unsterblichkeit. Wenn aber dies Verwesliche anziehen wird die Unverweslichkeit und dies Sterbliche anziehen wird die Unsterblichkeit, dann wird erfüllt werden das Wort, das geschrieben steht (Jesaja 25,8; Hosea 13,14): „Der Tod ist verschlungen vom Sieg. Tod, wo ist dein Sieg? Tod, wo ist dein Stachel?" Der Stachel des Todes aber ist die Sünde, die Kraft aber der Sünde ist das Gesetz. Gott aber sei Dank, der uns den Sieg gibt durch unsern Herrn Jesus Christus! Darum, meine lieben Brüder, seid fest, unerschütterlich und nehmt immer zu in dem Werk des Herrn, weil ihr wisst, dass eure Arbeit nicht vergeblich ist in dem Herrn.
(1. Korinther 15,12 – 27.32 – 58)

Mit Tod und Auferstehung beginnt ein gewaltiger Verwandlungsprozess: Verwesliches wird auferstehen unverweslich, Niedriges wird auferstehen in Herrlichkeit, Armseliges in Kraft. Ihre Mutter, Frau H. U., ist in diese große Verwandlung eingetreten. Möge diese Aussicht Sie begleiten und trösten. Amen.

Zuflucht finden – Psalm 36,6 – 10

Herr, deine Güte reicht, so weit der Himmel ist,
und deine Wahrheit, so weit die Wolken gehen.
Deine Gerechtigkeit steht wie die Berge Gottes
und dein Recht wie die große Tiefe.
Herr, du hilfst Menschen und Tieren.
Wie köstlich ist deine Güte, Gott,
dass Menschenkinder unter dem Schatten deiner Flügel
Zuflucht haben!
Sie werden satt von den reichen Gütern deines Hauses,
und du tränkst sie mit Wonne wie mit einem Strom.
Denn bei dir ist die Quelle des Lebens,
und in deinem Lichte sehen wir das Licht.

Psalm 36 / EG 718

Liebe Familie W., liebe Trauergemeinde!

Frau A. T. geborene G. ist tot. Wir versammeln uns im Namen des dreieinigen Gottes, um uns des eigenen Lebens zu vergewissern, um uns in unserer Hoffnung zu bestärken, dass auch der Tod in Gottes Händen ist.

Wir erinnern uns an einige Stationen aus dem Leben Ihrer Mutter. Frau T. stammte aus N., wo sie – bis auf die letzten neun Jahre – ihr ganzes Leben gewohnt hat. Sie wuchs in einer großen Familie mit insgesamt vier Geschwistern auf. Sie war ein lebenslustiger, fröhlicher Mensch, der gerne mit anderen Menschen zusammen war. Für ihre temperamentvolle, lustige Art war sie bekannt und beliebt. Es war ihr vergönnt, mit ihrem Mann eine harmonische, glückliche Ehe zu führen. Ihre beiden Kinder wuchsen in einer Umgebung voller Frieden und Freundlichkeit auf.

Für Frau T. und ihre Familie war es ein Schock, als ihr Sohn mit 24 Jahren ganz plötzlich an einer Krankheit verstarb. Dieser Kummer hat ihr schwer zugesetzt, und doch fand sie irgendwie einen Weg durch dieses Tal hindurch. Ihre liebevolle Familie war ihr dabei eine große Hilfe.

Vor vier Jahren starb dann ihr Mann. Es war sehr schwer für Ihre Mutter, diesen Verlust zu verkraften. Und doch schaffte sie es auf ihre Weise, sich mit dieser neuen Situation zu arrangieren. Bis zuletzt blieb sie selbstständig in ihrer Wohnung. Dort hatte sie guten Kontakt zu ihren Nachbarn, sie trafen sich und erzählten sich, sie gingen gemeinsam in die Stadt, um ihre Besorgungen zu erledigen.

Eine große Freude war für sie der intensive Kontakt mit Ihnen, liebe Frau T., und mit den Enkel- und Urenkelkindern. Rege nahm sie an allem Anteil, was in der Familie geschah. Bis zum Schluss, als sie im Krankenhaus lag, kamen die Urenkel zu Besuch.

Als eine gute Fügung erwies es sich, dass Sie, liebe Frau E., gerade bei Ihrer Großmutter waren, als der Tod so plötzlich kam. In Ihrer liebevollen Begleitung hat sie ihren letzten Atemzug getan.

Wenn wir so auf das Leben Ihrer Mutter zurückschauen, fängt der Vers, den Sie über die Todesanzeige gesetzt haben, an zu sprechen.

Von guten Mächten wunderbar geborgen
erwarten wir getrost, was kommen mag.
Gott ist bei uns am Abend und am Morgen,
und ganz gewiß an jedem neuen Tag.
(Dietrich Bonhoeffer[11] / EG 65, 7)

Obwohl ihr die Erfahrung von Leid und Schmerz nicht erspart geblieben ist, hat Ihre Mutter ein behütetes Leben gehabt, so haben Sie es ausgedrückt. Sie war „von guten Mächten wunderbar geborgen". Und diese Geborgenheit hat sie an andere weitergeschenkt.

„Von guten Mächten wunderbar geborgen, erwarten wir getrost, was kommen mag." Aus dieser Erfahrung, geborgen zu sein und von anderer Hand gehalten zu werden, erwuchs Ihrer Mutter eine gewisse Gelassenheit gegenüber dem, was da kommt. Der Tod schreckte sie nicht. Sie sehnte sich danach, wieder bei ihrem Mann zu sein. Diese Hoffnung über den Tod hinaus war in ihr tief verwurzelt.

Von guten Mächten wunderbar geborgen
erwarten wir getrost, was kommen mag.
Gott ist bei uns am Abend und am Morgen,
und ganz gewiß an jedem neuen Tag.

Bonhoeffer hat diese Zeilen gedichtet, als er seinen letzten Jahreswechsel im Gefängnis erlebte. Vielleicht ahnte er bereits, dass er die Gefangenschaft nicht mehr lebend verlassen würde.

Aber er spricht ganz bewusst von „jedem neuen Tag“. Damit sind zunächst unsere irdischen Tage gemeint. Dass Gott unser Leben begleitet und schützt, dass es keine Zeit und keinen Raum gibt, wo Gott ferne ist.

Darüber hinaus sind aber auch „die neuen Tage“ gemeint, die Gott nach seiner Verheißung erschafft in seinem Reich, in seiner neuen Welt. Das ist eine Wirklichkeit, die wir noch nicht sehen, aber erahnen, spüren und glauben können. Das große Geheimnis, dass es mehr gibt als diese sichtbare Welt, dass die unsichtbare Welt genauso wirklich und nah ist wie das, was wir wahrnehmen.

Der Tod ist dann der Durchgang in diese Welt Gottes. Da gehen uns die Augen auf für die Wirklichkeit Gottes, da sehen wir ihn, wie er ist. Der auferstandene Christus bürgt dafür. Er, den Gott als ersten von den Toten auferweckt hat, hat es uns gesagt, damit wir nicht im Ungewissen bleiben darüber, was nach dem Tod kommt. Für unser Leben und Sterben gilt also:

Von guten Mächten wunderbar geborgen
erwarten wir getrost, was kommen mag.
Gott ist bei uns am Abend und am Morgen,
und ganz gewiß an jedem neuen Tag.

Ihre Mutter war umgeben von diesen guten Mächten bis zuletzt auf dieser Erde. Nun schaut sie Gott von Angesicht zu Angesicht, nun hat sie ihr ewiges Zuhause gefunden, nun wird aller Schmerz gestillt. Nun schaut sie die neuen Tage unseres Gottes. Möge diese Zusage Sie in der Zeit der Trauer trösten. Amen.

Und als der Sabbat vergangen war, kauften Maria von Magdala und Maria, die Mutter des Jakobus, und Salome wohlriechende Öle, um hinzugehen und ihn zu salben. Und sie kamen zum Grab am ersten Tag der Woche, sehr früh, als die Sonne aufging. Und sie sprachen untereinander: Wer wälzt uns den Stein von des Grabes

Tür? Und sie sahen hin und wurden gewahr, dass der Stein weggewälzt war; denn er war sehr groß. Und sie gingen hinein in das Grab und sahen einen Jüngling zur rechten Hand sitzen, der hatte ein langes weißes Gewand an, und sie entsetzten sich. Er aber sprach zu ihnen: Entsetzt euch nicht! Ihr sucht Jesus von Nazareth, den Gekreuzigten. Er ist auferstanden, er ist nicht hier. Siehe da die Stätte, wo sie ihn hinlegten. Geht aber hin und sagt seinen Jüngern und Petrus, dass er vor euch hingehen wird nach Galiläa; dort werdet ihr ihn sehen, wie er euch gesagt hat. Und sie gingen hinaus und flohen von dem Grab; denn Zittern und Entsetzen hatte sie ergriffen. Und sie sagten niemandem etwas; denn sie fürchteten sich.

Markus 16,1 – 8

Noch will das alte unsre Herzen quälen
noch drückt uns böser Tage schwere Last,
Ach Herr, gib unsern aufgeschreckten Seelen
das Heil, für das Du uns geschaffen hast.

Doch willst Du uns noch einmal Freude schenken
an dieser Welt und ihrer Sonne Glanz,
dann woll'n wir des Vergangenen gedenken,
und dann gehört Dir unser Leben ganz.

Wenn sich die Stille nun tief um uns breitet,
so laß uns hören jenen vollen Klang
der Welt, die unsichtbar sich um uns weitet,
all Deiner Kinder hohen Lobgesang.

Dietrich Bonhoeffer[11] / EG 65, 2.4.6

Mädchenlächeln – Klagelieder 3

Denn unser keiner lebt sich selber, und keiner stirbt sich selber. Leben wir, so leben wir dem Herrn; sterben wir, so sterben wir dem Herrn. Darum: wir leben oder sterben, so sind wir des Herrn. Denn dazu ist Christus gestorben und wieder lebendig geworden, dass er über Tote und Lebende Herr sei.

Römer 14,7 – 9

Liebe Familie D.!

Das ist für Sie heute ein schwerer Gang hierher auf den Friedhof, um Ihre Tochter P. zu Grabe zu tragen. Der Tod greift schmerzhaft und bitter in das Leben ein. Wir verstehen nicht, warum P. das Licht dieser Welt nicht erblicken konnte. Trauer und Benommenheit, Wut und Enttäuschung mischen sich in den großen Schmerz, nicht mit Ihrem Kind leben zu können.

Ihr Leben veränderte sich, als sich P.s Kommen ankündigte. Und es veränderte sich wieder, als sie starb. Was mit guter Hoffnung begann, fand ein jähes Ende.

Neun Monate hat P. bei Ihnen gewohnt, sie war erwünscht und wurde liebevoll erwartet. Seitdem Sie wussten, dass P. zu Ihnen unterwegs war, gehörte sie zu Ihnen, hatte sie einen Platz in der Familie und wird ihn behalten. P. ist Ihre Tochter und wird Ihre Tochter bleiben.

Wir stehen hier, um P. der Erde zu übergeben, ihr einen Ruheplatz zu geben in der Hoffnung und in dem Glauben, dass P. in Gottes Armen geborgen ist. Ich glaube, dass P. bei Gott all das bekommt, was Sie ihr hier auf Erden an Liebe, Geborgenheit und Freude schenken wollten. Sie haben Ihrer Tochter einen Namen gegeben. Darin drückt sich aus, dass P. ein einmaliges, unverwechselbares Geschöpf ist, auch wenn ihr Leben nur kurz war.

In einem Text von Antoine de Saint-Exupéry finden Sie Ihre Hoffnung wieder, dass das Leben nach dem Tod weitergeht.

Wenn Du bei Nacht den Himmel anschaust,
wird es Dir sein, als lachten alle Sterne,
weil ich auf einem von ihnen wohne,
weil ich auf einem von ihnen lache.
Du allein wirst Sterne haben, die lachen können.

Die Beziehung zueinander bleibt auf eine andere Weise als bisher bestehen. Der Dichter drückt auf seine Weise die Hoffnung aus, dass die Trauer darüber, P. verloren zu haben, im Gegensatz zum Ergehen der Verstorbenen steht: „*... weil ich auf einem von ihnen lache.*"

Das Dunkle, das Schwere, das Schmerzliche beschreibt der Dichter im Bild der Nacht. Er verbindet damit die Hoffnung, dass sich durch P.s Tod der Nachthimmel für Sie verwandelt.

> *Wenn Du bei Nacht den Himmel anschaust,*
> *wird es Dir sein, als lachten alle Sterne.*

Sie schauen mit anderen Augen die Welt an, blicken hier und da über sie hinaus.

Ich glaube, dass Gott P. in seinen Armen wiegt, dass sie dort das Leben in Fülle erhält, was ihr auf dieser Erde nicht möglich war. Es tut weh, P. loszulassen und herzugeben. Wir bitten Gott, uns im Schmerz festzuhalten, dass wir nicht daran zerbrechen, sondern durch P.s Tod unser Leben neu finden und ergreifen.

Über P.s Leben und Sterben gilt das Gotteswort:

> *P., fürchte dich nicht, denn ich habe dich erlöst; ich habe dich bei deinem Namen gerufen; du bist mein! (Jesaja 43,1)*

Amen.

> *Ich bin der Mann, der Elend sehen muss durch die Rute des Grimmes Gottes. Er hat mich geführt und gehen lassen in die Finsternis und nicht ins Licht. Er hat seine Hand gewendet gegen mich und erhebt sie gegen mich Tag für Tag. Er hat mir Fleisch und Haut alt gemacht und mein Gebein zerschlagen. Er hat mich ringsum eingeschlossen und mich mit Bitternis und Mühsal umgeben. Er hat mich in Finsternis versetzt wie die, die längst tot sind. Er hat*

mich ummauert, dass ich nicht heraus kann, und mich in harte Fesseln gelegt. Und wenn ich auch schreie und rufe, so stopft er sich die Ohren zu vor meinem Gebet. Er hat meinen Weg vermauert mit Quadern und meinen Pfad zum Irrweg gemacht. Er hat auf mich gelauert wie ein Bär, wie ein Löwe im Verborgenen. Er lässt mich den Weg verfehlen, er hat mich zerfleischt und zunichte gemacht. Er hat seinen Bogen gespannt und mich dem Pfeil zum Ziel gegeben. Er hat mir seine Pfeile in die Nieren geschossen. Ich bin ein Hohn für mein ganzes Volk und täglich ihr Spottlied. Er hat mich mit Bitterkeit gesättigt und mit Wermut getränkt. Er hat mich auf Kiesel beißen lassen, er drückte mich nieder in die Asche. Meine Seele ist aus dem Frieden vertrieben; ich habe das Gute vergessen.

Ich sprach: Mein Ruhm und meine Hoffnung auf den Herrn sind dahin. Gedenke doch, wie ich so elend und verlassen, mit Wermut und Bitterkeit getränkt bin! Du wirst ja daran gedenken, denn meine Seele sagt mir's. Dies nehme ich zu Herzen, darum hoffe ich noch: Die Güte des Herrn ist's, dass wir nicht gar aus sind, seine Barmherzigkeit hat noch kein Ende, sondern sie ist alle Morgen neu, und deine Treue ist groß. Der Herr ist mein Teil, spricht meine Seele; darum will ich auf ihn hoffen. Denn der Herr ist freundlich dem, der auf ihn harrt, und dem Menschen, der nach ihm fragt. Es ist ein köstlich Ding, geduldig sein und auf die Hilfe des Herrn hoffen.

Denn der Herr verstößt nicht ewig; sondern er betrübt wohl und erbarmt sich wieder nach seiner großen Güte.

Klagelieder 3,1 – 26.31 – 32

Der Tod der Geliebten

Er wußte nur vom Tod, was alle wissen:
Daß er uns nimmt und in das Stumme stößt.
Als aber sie, nicht von ihm fortgerissen,
nein, leis aus seinen Augen ausgelöst,

hinüberglitt zu unbekannten Schatten,
und als er fühlte, daß sie drüben nun
wie einen Mond ihr Mädchenlächeln hatten
und ihre Weise wohlzutun:

da wurden ihm die Toten so bekannt,
als wäre er durch sie mit einem jeden
ganz nah verwandt; er ließ die andern reden

und glaubte nicht und nannte jenes Land
das gutgelegene, das immersüße –
und tastete es ab für ihre Füße.

Rainer Maria Rilke[12]

Zuversichtlich – Psalm 71,5

Herr, ich traue auf dich,
lass mich nimmermehr zuschanden werden.
Errette mich durch deine Gerechtigkeit und hilf mir heraus,
neige deine Ohren zu mir und hilf mir!
Sei mir ein starker Hort, zu dem ich immer fliehen kann,
der du zugesagt hast, mir zu helfen;
denn du bist meine Zuversicht, Herr, mein Gott,
meine Hoffnung von meiner Jugend an.
Verwirf mich nicht in meinem Alter,
verlass mich nicht, wenn ich schwach werde.
Du lässest mich erfahren viele und große Angst
und tröstest mich wieder.
Meine Lippen und meine Seele, die du erlöst hast,
sollen fröhlich sein und dir lobsingen.

Psalm 71 / EG 733

Unser Bürgerrecht aber ist im Himmel; woher wir auch erwarten den Heiland, den Herrn Jesus Christus, der unsern nichtigen Leib verwandeln wird, dass er gleich werde seinem verherrlichten Leibe nach der Kraft, mit der er sich alle Dinge untertan machen kann.

Philipper 3,20 – 21

Liebe Familie V., liebe Familie E., liebe Trauergemeinde!

Ein langes Leben ist zu Ende gegangen. Wir sind hier zusammengekommen, um von Ihrer Mutter, Frau R. V. geborene H., Abschied zu nehmen, um ihr das letzte Geleit zu geben. Wir versammeln uns im Namen des lebendigen Gottes, der das Leben gibt und zu dem alles Leben wieder zurückkehrt.

Frau R. V. wurde 1916 in K. in Schlesien geboren. Dort lernte sie den Beruf der Lohnbuchhalterin und arbeitete viele Jahre bei der Kammgarnspinnerei in A. 1936 heiratete sie ihren Mann, der kurz darauf als Soldat in den Krieg musste. 1945 trat Frau H. mit ihren zwei kleinen Kindern, ihrer Schwester mit deren Kindern und ihren Eltern die beschwerliche und gefährliche Flucht gen Westen an. Sie landeten in O., wo sie dann bis 1964 blieben. Erst drei Jahre nach Kriegsende kehrte ihr Mann aus der Gefangenschaft zurück. Wie viele Frauen in dieser Zeit musste Frau V. in diesen Jahren die volle Verantwortung für die Kinder allein tragen.

Aus beruflichen Gründen zog die Familie V. 1960 nach Q., wo sie bis zu ihrem Lebensende fast 40 Jahre gewohnt hat. Zusammen mit ihrem Mann baute sich Ihre Mutter einen großen Bekanntenkreis auf, mit dem sie viele schöne Stunden erlebt hat. Es war ihr wichtig, dass die Familie regelmäßig zusammenkam, aneinander Anteil nahm, Freud und Leid miteinander teilte. Besonders nach dem Tod ihres Mannes vor sechs Jahren legte sie stets großen Wert darauf, ihre inzwischen stattlich gewachsene Familie mit Enkeln und Urenkeln um sich zu versammeln. Sie war geliebt und geschätzt mit ihrer ausgeglichenen, stillen und friedfertigen Art. Wenn Hilfe gebraucht wurde, war sie stets zur Stelle.

So lange es irgendwie ging, regelte Ihre Mutter ihre Angelegenheiten selber. Bis ins hohe Alter versorgte sie sich selber, ging in die Stadt, weckte ein und pflegte die Kontakte aus alter Zeit.

Eingeschränkt durch ihre Krankheit, nach langem Krankenhausaufenthalt, wollte sie gern ins Altenheim ziehen. Sie war bereit, auch im hohen Alter sich noch einmal auf etwas Neues, Anderes einzulassen. Begleitet und gestützt durch ihre Familie hat sie die letzten Monate im Haus T. gelebt. Ihre Kraft nahm weiter ab, sie war bereit zu sterben. Ganz ruhig ist sie dann eingeschlafen und hat ihr Leben losgelassen.

In ihren Unterlagen haben Sie die Konfirmationsurkunde Ihrer Mutter aus dem Jahr 1930 gefunden. Da steht als Konfirmationsspruch:

> *Denn du bist meine Zuversicht, Herr, mein Gott, meine Hoffnung von meiner Jugend an. (Psalm 71,5)*

Da wird die Bitte, der Wunsch ausgesprochen, Gott möge uns durch das ganze Leben hindurch begleiten. Gott möge mit uns gehen, uns bewahren und trösten, uns halten und zurückbringen.

Wenn ich das auf das Leben Ihrer Mutter beziehe, so war an entscheidenden Punkten solch eine rettende, schützende, bergende Hand um sie herum, über ihr, unter ihr. Aus Krieg und Flucht kam sie mit dem Leben davon. Die verschiedenen Neuanfänge an verschiedenen Orten wurden ein wenig zur Heimat, sie war gesegnet mit einer liebevollen Familie.

> *Denn du bist meine Zuversicht, Herr, mein Gott, meine Hoffnung von meiner Jugend an.*

Vielleicht war aus diesen Erfahrungen eine Zuversicht auch für ihr Sterben gewachsen. Der Gott, der uns im Leben hält und erhält, der lässt uns auch im Tod nicht los. Der uns schon im Mutterleib kannte und liebte, in dessen Augen wir kostbar und wert geachtet sind, der ist bei uns auch beim letzten Atemzug. Und darüber hinaus: Als Christen glauben wir, dass Gottes Macht am Tod nicht endet, sondern dass Gott uns im Tod zu sich hinzieht – in seine Welt, wo wir ihn sehen, wie er ist. Das, was uns hier verborgen ist, was für uns unsichtbar und unverständlich ist, wird unseren Blick erweitern, wir sehen die ganze Fülle, die Zusammenhänge, wir werden vollkommen umgeben und durchdrungen sein von Gottes Gegenwart.

Christliche Hoffnung schaut auf den auferstandenen Christus, der von Gott in ein neues, verwandeltes Leben gerufen worden ist. Christus ist uns vorangegangen – in den Tod und in die Auferstehung von den Toten, damit wir eine Zuversicht haben für unser Leben und Sterben.

Diese Hoffnung gilt auch für Ihre Mutter, Frau R. V. Im Tod ist sie hindurchgegangen in Gottes Welt, wo ihr Leben verwandelt wird, wo kein Leid und kein Schmerz, keine Krankheit und Vergänglichkeit mehr sind, wo es keinen Abschied und keinen Tod mehr gibt. Hier wird sie Ihnen fehlen. Dort ist sie in ihrer ewigen Heimat bei Gott angekommen. Möge Sie das in der Zeit der Trauer und des Schmerzes trösten. Amen.

Ich lebe mein Leben in wachsenden Ringen,
die sich über die Dinge ziehn.
Ich werde den letzten vielleicht nicht vollbringen,
aber versuchen will ich ihn.

Ich kreise um Gott, um den uralten Turm,
und ich kreise jahrtausendelang;
und ich weiß noch nicht: bin ich ein Falke, ein Sturm
oder ein großer Gesang.

Rainer Maria Rilke[12]

Hingezogen – Jeremia 31,3

Die Liebe hört niemals auf, wo doch das prophetische Reden aufhören wird und das Zungenreden aufhören wird und die Erkenntnis aufhören wird. Denn unser Wissen ist Stückwerk und unser prophetisches Reden ist Stückwerk. Wenn aber kommen wird das Vollkommene, so wird das Stückwerk aufhören. Als ich ein Kind war, da redete ich wie ein Kind und dachte wie ein Kind und war klug wie ein Kind; als ich aber ein Mann wurde, tat ich ab, was kindlich war. Wir sehen jetzt durch einen Spiegel ein dunkles Bild; dann aber von Angesicht zu Angesicht. Jetzt erkenne ich stückweise; dann aber werde ich erkennen, wie ich erkannt bin. Nun aber bleiben Glaube, Hoffnung, Liebe, diese drei; aber die Liebe ist die größte unter ihnen.

1. Korinther 13,8 – 13 / EG 772, 2

Liebe Familie A., liebe Trauergemeinde!

Irgendwie ist es noch unwirklich, und doch ist es die Realität: Frau T. S. ist tot. Im hohen Alter von 104 Jahren ist sie am Himmelfahrtstag gestorben. Eine Frau, die in drei Jahrhunderten gelebt hat.

Wir sind hier zusammengekommen, um von Ihrer Mutter und Großmutter Abschied zu nehmen. Um uns zu vergewissern, dass wir im Leben und im Sterben Gehaltene, Geliebte und Geborgene sind.

Frau T. S. geborene G. stammte gebürtig aus J. Ein ganzes Jahrhundert deutscher Geschichte hat sie miterlebt. Als Kind war sie kränklich und schwach. Im 1. Weltkrieg musste sie wegen Unterernährung ins Krankenhaus. Man gab nicht viel auf ihre Gesundheit. Keiner ahnte, dass sie alle anderen weit überleben würde. Mit ihrem Mann zog sie später nach P. Der 2. Weltkrieg erschütterte wiederum das Leben von Frau S. Ihr Mann war im Krieg, sie musste alleine für ihre Tochter sorgen und wurde in E. ausgebombt. Wer so etwas miterlebt hat, dem hat sich das tief in die Seele geschrieben.

Frau S. liebte es, zu besonderen Anlässen Gedichte zu schreiben und aufzusagen. Bis ins hohe Alter hinein hat sie das gepflegt. Unvergessen, wie sie zu ihrem 100. Geburtstag das Gedicht vortrug „Als der Kaiser die Schwebebahn eröffnet hat“, damals in Wuppertal, am Anfang des 20. Jahrhunderts. An dieses Ereignis aus ihrer Jugendzeit hat sie sich gern erinnert.

Vielen war Frau S. bekannt als rücksichtsvoll, bescheiden und auf Harmonie bedacht. Das war in ihrer Familie verwurzelt. Im Elternhaus lernte sie von ihren Eltern eine soziale Einstellung kennen, die sich mit dem christlichen Glauben verband. Aus dem Glauben schöpfte sie Kraft für ihre Aufgaben. Im Alter gehörte es zu ihren Gepflogenheiten, morgens um Gottes Beistand für den Tag zu bitten und am Abend für den Tag zu danken. So waren ihre Tage eingebunden in das Gespräch mit Gott.

Eine ihrer Überzeugungen war: Die Freude, die man anderen schenkt, kommt auch wieder zurück. Bei den vielen Kontakten aus alter Zeit praktizierte sie diese Überzeugung. Sie wollte nicht unnötig zur Last fallen. Rege nahm sie an den Ereignissen, Festen und Feiern der Familie Anteil. Sie war so dankbar für ihre Familie, für die herzlichen Bande, die sie miteinander verbanden.

Ihr 100. Geburtstag war ein großes Ereignis. Viele haben sich mitgefreut, dass sie diesen Tag so bewusst erlebt und gefeiert hat. Das geschieht ja nicht alle Tage, dass einem Menschen 100 Jahre auf dieser Erde geschenkt werden.

Als in den letzten Monaten ihre Kraft weiter abnahm, hat sie noch einmal in besonderer Weise Dankbarkeit verspürt für die vielen lieben Menschen, die sie besuchen kamen. Für die Menschen, die ihr über die Jahre ans Herz gewachsen waren, die in ihrer Treue nicht nachgelassen hatten. Von ihrem Glauben her wusste sie, dass Gott unser Leben und Sterben in seinen Händen hält, wusste sie, wo sie hingeht.

Am Himmelfahrtstag ist sie dann gestorben. Wie ich finde: ein passender Tag, um aus dem irdischen Leben zu scheiden und zu Gott zu gehen.

> *So spricht Gott, der Herr: Ich habe dich je und je geliebt, darum habe ich dich zu mir gezogen aus lauter Güte. (Jeremia 31,3)*

So haben Sie es über die Todesanzeige geschrieben. Das steht über unserem Leben, wenn wir den ersten Atemzug machen, und ebenso, wenn wir unseren letzten Atemzug tun. Gott sagt als Überschrift über unser Leben:

„Ich habe dich je und je geliebt." Ich habe dich von Anfang an geliebt, bevor deine Eltern dich kannten, bevor du dich selber kanntest. Ganz aufmerksam, ganz zugewandt, ganz innig und treu habe ich dich geliebt. Und „darum habe ich dich zu mir gezogen aus lauter Güte". Damit meine Güte für dich da ist, damit du daran reich wirst, damit andere durch dich davon kosten können.

„Ich habe dich zu mir gezogen", spricht Gott. Als Christen hoffen wir darauf, dass der Tod uns verwandelt zu Gott hin. Wer stirbt, verlässt die sichtbare irdische Wirklichkeit, ist unseren Blicken, unseren Berührungen, unseren Worten entzogen. Aber, so glaube ich, er geht in eine neue Wirklichkeit, in die für uns unsichtbare Wirklichkeit Gottes ein. Die prophetischen Seher aus alter Zeit beschreiben diese Welt Gottes als eine Stadt, in der Gott mit seinen Menschen lebt. Ein Raum, in dem es kein Leid und kein Geschrei, keinen Schmerz und keine Krankheit, keinen Abschied und keinen Tod mehr gibt. Friedlich und freundlich gehen die Menschen miteinander um. Und Gott ist sichtbar für alle, jeder kann sich sättigen an seiner Güte. Neid und Konkurrenz haben ein Ende.

> *So spricht Gott, der Herr: Ich habe dich je und je geliebt, darum habe ich dich zu mir gezogen aus lauter Güte.*

Seitdem Christus von den Toten auferweckt worden ist, gilt diese Verheißung auch für uns – im Leben und im Sterben.

Wir nehmen Abschied von Ihrer Mutter und Großmutter. Wir befehlen Frau T. S. in die guten Hände unseres Gottes. Sie ist uns vorangegangen und schaut Gott von Angesicht zu Angesicht. Amen.

> *Lobe den Herrn, meine Seele,*
> *und was in mir ist, seinen heiligen Namen!*
> *Lobe den Herrn, meine Seele,*

und vergiss nicht, was er dir Gutes getan hat:
der dir alle deine Sünde vergibt
und heilet alle deine Gebrechen,
der dein Leben vom Verderben erlöst,
der dich krönet mit Gnade und Barmherzigkeit,
der deinen Mund fröhlich macht
und du wieder jung wirst wie ein Adler.
Der Herr schafft Gerechtigkeit und Recht
allen, die Unrecht leiden.
Er hat seine Wege Mose wissen lassen,
die Kinder Israel sein Tun.
Barmherzig und gnädig ist der Herr,
geduldig und von großer Güte.
Er wird nicht für immer hadern
noch ewig zornig bleiben.
Er handelt nicht mit uns nach unsern Sünden
und vergilt uns nicht nach unsrer Missetat.
Denn so hoch der Himmel über der Erde ist,
lässt er seine Gnade walten über denen, die ihn fürchten.
So fern der Morgen ist vom Abend,
lässt er unsre Übertretungen von uns sein.
Wie sich ein Vater über Kinder erbarmt,
so erbarmt sich der Herr über die, die ihn fürchten.
Denn er weiß, was für ein Gebilde wir sind;
er gedenkt daran, dass wir Staub sind.
Ein Mensch ist in seinem Leben wie Gras,
er blüht wie eine Blume auf dem Felde;
wenn der Wind darüber geht, so ist sie nimmer da,
und ihre Stätte kennet sie nicht mehr.
Die Gnade aber des Herrn währt von Ewigkeit zu Ewigkeit
über denen, die ihn fürchten,
und seine Gerechtigkeit auf Kindeskind
bei denen, die seinen Bund halten
und gedenken an seine Gebote, dass sie danach tun.

Psalm 103 / EG 745, 1 – 3

Ruht wohl, ihr heiligen Gebeine,
die ich nun weiter nicht beweine,
ruht wohl und bringt auch mich zur Ruh.
Das Grab, so euch bestimmtet ist,
und ferner keine Not umschließt,
macht mir den Himmel auf
und schließt die Hölle zu.

Schlusschor aus der Johannespassion von Johann Sebastian Bach

Treu – Psalm 31,6

Oder wisst ihr nicht, dass alle, die wir auf Christus Jesus getauft sind, die sind in seinen Tod getauft? So sind wir ja mit ihm begraben durch die Taufe in den Tod, damit, wie Christus auferweckt ist von den Toten durch die Herrlichkeit des Vaters, auch wir in einem neuen Leben wandeln. Denn wenn wir mit ihm verbunden und ihm gleich geworden sind in seinem Tod, so werden wir ihm auch in der Auferstehung gleich sein.

Wir wissen ja, dass unser alter Mensch mit ihm gekreuzigt ist, damit der Leib der Sünde vernichtet werde, sodass wir hinfort der Sünde nicht dienen. Denn wer gestorben ist, der ist frei geworden von der Sünde. Sind wir aber mit Christus gestorben, so glauben wir, dass wir auch mit ihm leben werden, und wissen, dass Christus, von den Toten erweckt, hinfort nicht stirbt; der Tod kann hinfort über ihn nicht herrschen. Denn was er gestorben ist, das ist er der Sünde gestorben ein für alle Mal; was er aber lebt, das lebt er Gott.

Römer 6,3 – 10

Liebe Familie L., liebe Familie Z., liebe Trauergemeinde!

Wir sind hier zusammengekommen, um von Herrn D. L. Abschied zu nehmen, der im hohen Alter von 82 Jahren verstorben ist.

Im Angesicht des Todes fragen wir danach, woher unser Leben kommt, wohin es geht, was über den Tod hinaus Bestand hat. Wir strecken uns aus nach dem Wort, nach der Zusage, die wir uns nicht selber sagen können. Wir wenden uns an den, der vor allem Anfang war und der nach allem Ende sein wird.

Herr D. L. ist tot. Sie alle kannten ihn aus der Nähe oder aus der Ferne. Unterschiedliche Erinnerungen werden wach, wenn Sie an Ihre Begegnungen mit Herrn L. denken. Da ist das, was er Ihnen als Ehemann gewesen ist. Die vielen guten Jahrzehnte, die Sie miteinander teilen konnten.

Da ist der Vater, der mit Geduld und Sanftmut gerne viel Zeit mit seinen Kindern verbrachte, im Wald, im Schwimmbad, im Garten, in den Bergen. Da ist der Großvater, zu dem die Enkel nur zu gerne auf Besuch kamen. Der mit den Enkeln etwas unternahm, was ihnen Freude machte.

Andere kennen ihn aus der Gemeinde, von seinem Engagement im Hauskreis, von den Begegnungen mit der Partnerschaftsgemeinde im Osten. Und ganz viele kannten ihn vom Bahnhof, den Mann mit der roten Kappe, stets freundlich, heiter und hilfsbereit.

Herr L. war kein Mann der lauten Worte. Er hatte eine besondere Beziehung zur Schöpfung. In seinem Garten liebte er es, zu pflanzen, zu düngen, zu hegen und zu pflegen, zu ernten und wieder zu pflanzen. Dem großen Geheimnis des Wachsens zuzuschauen. Es geht durch unsere Hände, kommt aber her von Gott.

Und die Berge, die mochte er. Viele, viele Male sind Sie gemeinsam in die Alpen gefahren, zum Wandern und Bergsteigen. Vielleicht sprach die majestätische Ruhe der Bergwelt in besonderer Weise zu Ihrem Mann.

Ein langes, reiches Leben hat sich geschlossen.

> *In deine Hände befehle ich meinen Geist; du hast mich erlöst, Herr, du treuer Gott (Psalm 31,6).*

Diese Worte betete der sterbende Christus am Kreuz. Sich in andere Hände geben, das Vertrauen haben, dass da einer ist, dem ich mich anbefehlen kann; dass da Hände sind, die mich halten – im Leben und dann auch im Sterben; gerade dann, wenn unsere Macht am Ende ist, wenn unsere Begleitung und Nähe an ihr Ende kommen.

> *In deine Hände befehle ich meinen Geist; du hast mich erlöst, Herr, du treuer Gott.*

Dieses Gebet beruht auf der Erfahrung, dass Gott treu ist. Eine Erfahrung aus vielen Lebensjahrzehnten. In guten Tagen fröhlich besungen und in schweren Tagen in der Tiefe zum Bekenntnis gereift: Gott ist treu, er läuft nicht weg, wenn unser Leben an den Abgrund gerät, er ist verlässlich, eindeutig und mit einem ganz langen Atem.

> *In deine Hände befehle ich meinen Geist; du hast mich erlöst, Herr, du treuer Gott.*

Erlösen, erlöst werden – darin steckt alles, was uns Christus schenkt. In dieser gebrochenen Welt eine Orientierung haben, worauf wir zuwandern: zu dem Vater, der uns mit ausgebreiteten Armen erwartet. Bei dem Blick auf das Ende darauf zu vertrauen: Es gibt einen Weg hindurch. Im Gehen eröffnet sich ein Durchgang. Christus geleitet uns in die unsichtbare Welt, wo uns die Augen auf- und übergehen, wenn wir Gott schauen, wie er ist. Wenn die große Verwandlung sich vollendet, dass wir gleich sein sollen dem Ebenbilde Jesu Christi. Wenn wir entdecken, dass unsere Namen von Anbeginn im Buch des Lebens standen, wenn sich der neue Himmel und die neue Erde in all ihrer Schönheit zeigen. Wenn der Leib zur Ruhe kommt, die Wunden heil, die Seele weit und schön geworden ist, befreit von den Drangsalen der Erde, dann sind wir erlöst.

Die Verstorbenen gehen in diese Erlösung ein. Sie sind uns darin voraus. Bleiben wird, was sie gehofft, geglaubt und geliebt haben auf dieser Erde. Das reicht hinein in die unsichtbare Welt und hinterlässt Segensspuren auf dieser Erde.

Herr D. L. ist tot. Er ist uns vorangegangen, Gott entgegen. Sein Stuhl hier bleibt leer und das tut weh. Möge es Sie trösten, dass es für ihn der Durchgang zum Leben ist. „Christus ist mein Leben und Sterben mein Gewinn" (Philipper 1,21). Amen.

Nach dir, Herr, verlanget mich.
Mein Gott, ich hoffe auf dich; lass mich nicht zuschanden werden.
Denn keiner wird zuschanden, der auf dich harret.
Herr, zeige mir deine Wege und lehre mich deine Steige!
Leite mich in deiner Wahrheit und lehre mich!
Denn du bist der Gott, der mir hilft; täglich harre ich auf dich.
Gedenke, Herr, an deine Barmherzigkeit und an deine Güte,
die von Ewigkeit her gewesen sind.

Psalm 25 / EG 712, 1

Es knospt
unter den Blättern
das nennen sie Herbst.

Hilde Domin[13]

Erlöst – Jesaja 43,1

Christus Jesus ist das Ebenbild des unsichtbaren Gottes,
der Erstgeborene vor aller Schöpfung.
Denn in ihm ist alles geschaffen,
was im Himmel und auf Erden ist,
das Sichtbare und das Unsichtbare,
es seien Throne oder Herrschaften
oder Mächte oder Gewalten;
es ist alles durch ihn und zu ihm geschaffen.
Und er ist vor allem,
und es besteht alles in ihm.
Und er ist das Haupt des Leibes,
nämlich der Gemeinde.
Er ist der Anfang,
der Erstgeborene von den Toten,
damit er in allem der Erste sei.
Denn es hat Gott wohlgefallen,
dass in ihm alle Fülle wohnen sollte
und er durch ihn alles mit sich versöhnte,
es sei auf Erden oder im Himmel,
indem er Frieden machte durch sein Blut am Kreuz.

Kolosser 1,15 – 20 / EG 774

Liebe Frau E., liebe Familie I., liebe Trauergemeinde!

Ein langes Leben ist zu Ende gegangen. Ihre Mutter und Großmutter – Frau F. W. geborene I. – ist im hohen Alter von 85 Jahren gestorben.

Frau F. W. stammte aus Thüringen. In ihrer schönen Heimat gründete sie ihre Familie und lebte dort, bis der 2. Weltkrieg und seine Folgen Veränderungen in ihr Leben brachten. Ihr Mann war Soldat, sie musste die Kinder allein versorgen und wagte sich schließlich 1946 mit ihrer Tochter auf eine abenteuerliche Flucht in den Westen. Sie kam nach P. zu ihrem Mann und holte später die Söhne nach.

Ihre Familie und die Kinder waren ihr wichtig. Es war für sie ein schwerer Verlust, als 1993 ihr Mann starb, mit dem sie 62 Jahre lang verheiratet gewesen war. Danach hatte sie keine rechte Lust mehr zu leben. Sie zog zu ihrer Tochter nach O. Doch ihre Energie ließ nach, sie fand keine rechte Lebensfreude mehr.

Die letzten zwei Wochen war sie im Krankenhaus. Sie ahnte wohl den nahen Tod, als sie zwei Tage, bevor sie starb, sagte: „Dann komme ich nicht mehr nach Hause, dann bin ich tot." Doch der Tod schreckte sie nicht. Sie, liebe Frau E., haben Ihre Mutter beim Sterben bis zum letzten Atemzug begleitet. Sie haben ihre Hand gehalten, als ihre Mutter ihr Leben in die Hände Gottes losließ.

Nun ist Frau F. W. heimgegangen. Ihr Lebenskreis hat sich geschlossen. Angesichts des Todes fragen wir, was das Leben ist, woher es kommt, wohin es geht und was dem Tod standhalten kann.

Angesichts des Todes versammeln wir uns im Namen des dreieinigen Gottes, der Herr ist über die Lebenden und über die Toten, der Himmel und Erde geschaffen hat, der Macht hat, aus dem Tod neues Leben hervorzurufen.

Angesichts des Todes bekommen wir einen schärferen Blick dafür, wie kostbar und einmalig das Leben ist – so wertvoll, dass Gott, der Schöpfer allen Lebens, es über den Tod hinaus liebt und verwandeln wird.

Der Prophet Jesaja hat es vor über zweieinhalbtausend Jahren so ausgedrückt:

> *So spricht Gott, der Herr: Fürchte dich nicht, denn ich habe dich erlöst; ich habe dich bei deinem Namen gerufen; du bist mein. (Jesaja 43,1)*

Dieser Spruch spricht von dem Anfang und dem Ende, die beide bei Gott liegen. Jedes Leben kommt von Gott, dem Schöpfer, und geht am Ende wieder zu ihm zurück.

Fürchte dich nicht – das bedeutet: Weil Gott unser Leben und Sterben in seinen Händen hält, darum brauchen wir der Furcht keinen Raum zu geben. Auch in der Krankheit, in der Entfremdung von uns selbst und unseren Lieben, hält und liebt uns Gott weiter.

Denn ich habe dich erlöst – das besagt: Im Glauben an Jesus Christus wird uns die Erlösung zuteil. Im Leben und im Sterben dieses Menschen Jesus von Nazareth und in seiner Auferweckung von den Toten liegt unser Heil. Wie er von den Toten auferweckt worden ist, so werden auch wir auferweckt werden.

Ich habe dich bei deinem Namen gerufen – Gott kennt uns mit Namen, er kennt uns mit unserer jeweiligen Eigenheit und Einmaligkeit. Er kennt unsere Gedanken, unsere Wunden, unsere Sehnsucht, unsere Schmerzen, er kennt unsere Liebe, unseren Mangel, unsere Schuld, unsere Angst. Gott ruft uns beim Namen, um uns nahe zu sein, um zu trösten, zu ermutigen, zu versöhnen.

Du bist mein – Wir gehören zu Gott, was immer da sei. Wir gehören zu Gott im Leben und im Sterben, in den guten und in den schlechten Zeiten.

> *So spricht Gott, der Herr: Fürchte dich nicht, denn ich habe dich erlöst; ich habe dich bei deinem Namen gerufen; du bist mein.*

Eingehüllt in dieses Gotteswort nehmen wir Abschied von Frau F. W. Eingehüllt in diese Zusage ist unsere Verstorbene, eingehüllt sind auch Sie, die um sie trauern, die sie loslassen müssen, die sie vermissen werden.

Möge diese Zusage Gottes Sie alle auf Ihren Wegen begleiten und stärken. Amen.

> *Ein jegliches hat seine Zeit, und alles Vorhaben unter dem Himmel hat seine Stunde: – geboren werden hat seine Zeit, sterben hat seine Zeit; pflanzen hat seine Zeit, ausreißen, was gepflanzt ist, hat seine Zeit; töten hat seine Zeit, heilen hat seine Zeit; abbrechen hat seine Zeit, bauen hat seine Zeit; weinen hat seine Zeit, lachen hat seine Zeit; klagen hat seine Zeit, tanzen hat seine Zeit; Steine wegwerfen hat seine Zeit, Steine sammeln hat seine Zeit; herzen hat seine Zeit, aufhören zu herzen hat seine Zeit; suchen hat seine Zeit, verlieren hat seine Zeit; behalten hat seine Zeit, wegwerfen hat seine Zeit; zerreißen hat seine Zeit, zunähen hat seine Zeit; schweigen hat seine Zeit, reden hat seine Zeit; lieben hat seine Zeit, hassen hat seine Zeit; Streit hat seine Zeit, Friede hat seine Zeit.*
>
> *Man mühe sich ab, wie man will, so hat man keinen Gewinn davon. Ich sah die Arbeit, die Gott den Menschen gegeben hat, dass sie sich damit plagen. Er hat alles schön gemacht zu seiner Zeit, auch hat er die Ewigkeit in ihr Herz gelegt; nur dass der Mensch nicht ergründen kann das Werk, das Gott tut, weder Anfang noch Ende. Da merkte ich, dass es nichts Besseres dabei gibt als fröhlich sein und sich gütlich tun in seinem Leben. Denn ein Mensch, der da*

isst und trinkt und hat guten Mut bei all seinem Mühen, das ist eine Gabe Gottes. Ich merkte, dass alles, was Gott tut, das besteht für ewig; man kann nichts dazutun noch wegtun. Das alles tut Gott, dass man sich vor ihm fürchten soll. Was geschieht, das ist schon längst gewesen, und was sein wird, ist auch schon längst gewesen; und Gott holt wieder hervor, was vergangen ist.

Prediger 3,1 – 15

Nun bitten wir den Heiligen Geist
um den rechten Glauben allermeist,
daß er uns behüte an unserm Ende,
wenn wir heimfahrn aus diesem Elende.
Kyrieleis.

Du wertes Licht, gib uns deinen Schein,
lehr uns Jesus Christ kennen allein,
daß wir an ihm bleiben, dem treuen Heiland,
der uns bracht hat zum rechten Vaterland.
Kyrieleis.

Du höchster Tröster in aller Not,
hilf, daß wir nicht fürchten Schand noch Tod,
daß in uns die Sinne nicht verzagen,
wenn der Feind wird das Leben verklagen.
Kyrieleis.

EG 124, 1.2.4

Nimmermehr – Matthäus 5,3 – 10

Gott, du bist mein Gott, den ich suche.
Es dürstet meine Seele nach dir,
mein ganzer Mensch verlangt nach dir
aus trockenem, dürrem Land, wo kein Wasser ist.
So schaue ich aus nach dir in deinem Heiligtum,
wollte gerne sehen deine Macht und Herrlichkeit.
Denn deine Güte ist besser als Leben;
meine Lippen preisen dich.
So will ich dich loben mein Leben lang
und meine Hände in deinem Namen aufheben.
Das ist meines Herzens Freude und Wonne,
wenn ich dich mit fröhlichem Munde loben kann;
wenn ich mich zu Bette lege, so denke ich an dich,
wenn ich wach liege, sinne ich über dich nach.
Denn du bist mein Helfer,
und unter dem Schatten deiner Flügel frohlocke ich.
Meine Seele hängt an dir;
deine rechte Hand hält mich.

Psalm 63 / EG 729

Liebe Frau H., liebe Trauergemeinde!

Erschüttert von dem frühen Tod Ihres Sohnes, G. H., sind wir hier in der Kapelle zusammengekommen, um ihm das letzte Geleit zu geben. Wir suchen Trost und Vergewisserung bei Gott, um das aushalten zu können, was wir nicht verstehen; um zu fragen und mit den Fragezeichen leben zu lernen.

Herr G. H. wurde in N. geboren und hat sein ganzes Leben dort gelebt. Die Wohnung seiner Eltern in der P.-Straße – das war sein Zuhause. Dort war er bekannt bei den Nachbarn, dort half er mit, wo es etwas anzupacken gab. Über 20 Jahre arbeitete er für die gleiche Firma, er liebte seine Arbeit, tat sie gewissenhaft und sorgfältig. Es traf ihn schwer, als vor sechs Jahren sein Vater starb.

Gegen seinen Willen war Herr H. über die Jahre zum Einzelgänger geworden. Es gelang ihm nicht, Freundschaften zu knüpfen, sich ein Umfeld von Beziehungen aufzubauen. Vielleicht war das seine Schwäche, vielleicht geriet er auch an die falschen Menschen.

Ob seine Alkoholabhängigkeit die Ursache dafür oder die Folge davon war, vermag ich nicht zu sagen. Tragisch ist, dass ein Mann in den besten Jahren keinen Mut mehr fand, keine Ziele mehr vor Augen hatte, für die zu leben es sich lohnte. Sein Gesundheitszustand war schwer angeschlagen, er wusste wohl, dass er nicht mehr lange zu leben hatte. Als sich der Blutsturz löste, kam jede Hilfe für ihn zu spät. Es war ihm nicht beschieden, sein Leben in hohem Alter in Frieden zu beschließen.

Für Sie, die Sie G. H. kannten, war es schwer, sein Leiden mit anzusehen und nicht helfen zu können. Die Frage wird offen bleiben, ob es keine Hilfe für ihn gab oder ob sie zu spät kam. Seine Lebensenergie war aufgebraucht, die Lasten der Seele und des Körpers wurden zu schwer. Er konnte seiner übermächtigen Krankheit nichts mehr entgegensetzen.

Ich weiß nicht, was Ihren Sohn in der Tiefe bewegt hat, was seine Gedanken, Gefühle und Träume waren. Aber ich weiß wohl, dass Gott all dies kannte, dass er um jedes Haar wusste, das von seinem Haupt fiel; dass er jeden Kummer, jede Verzweiflung kannte und mitlitt. Ich glaube, dass der leidende Christus Ihren Sohn durch seine Leiden begleitet hat, dass er ihm nahe war – auch in seiner letzten Stunde.

Ich glaube, dass der leidende Christus in besonderer Weise den Menschen nahe ist, die nicht zu den Erfolgreichen gehören, deren Lebensweg nicht steil nach oben geht, die es mit sich und mit der Welt schwer haben. Ich glaube, dass Ihr Sohn zu denen gehört, die Jesus selig preist, gegen alle Besserwisserei, gegen alles Geschwätz der Leute. Jesus preist die selig, die Leid tragen, denn sie sollen getröstet werden. Jesus preist die selig, die geistlich arm sind, die darum wissen, dass sie ihr Leben nicht selber im Griff haben, sondern auf Gott angewiesen sind.

Diese Seligpreisungen beinhalten jeweils eine Verheißung. In Gottes Ewigkeit wird Ihr Sohn G. alles erhalten, was ihm hier fehlte: Er wird heil werden an Leib und Seele; er wird zur großen Gemeinschaft der Gottesfamilie gehören und er wird satt werden an der Barmherzigkeit Gottes.

Sein Leben auf dieser Erde ist zu Ende; doch Gottes Werk mit ihm geht weiter. Der Tod kann uns nicht mehr von Gott trennen. G. H. gehört für immer zu Gott. Amen.

Selig sind, die da geistlich arm sind;
denn ihrer ist das Himmelreich.
Selig sind, die da Leid tragen;
denn sie sollen getröstet werden.
Selig sind die Sanftmütigen;
denn sie werden das Erdreich besitzen.
Selig sind, die da hungert und dürstet nach der Gerechtigkeit;
denn sie sollen satt werden.

Selig sind die Barmherzigen;
denn sie werden Barmherzigkeit er-langen.
Selig sind, die reinen Herzens sind;
denn sie werden Gott schauen.
Selig sind die Friedfertigen;
denn sie werden Gottes Kinder heißen.
Selig sind, die um der Gerechtigkeit willen verfolgt werden;
denn ihrer ist das Himmelreich.

Matthäus 5,3 – 10 / EG 767

Es segne dich Gott, der Vater,
der dich nach seinem Bild geschaffen hat.
Es segne dich Gott, der Sohn,
der dich durch sein Leiden und Sterben erlöst hat.
Es segne dich Gott, der Heilige Geist,
der dich zum Leben gerufen und geheiligt hat.
Gott, der Vater und der Sohn und der Heilige Geist,
geleite dich durch das Dunkel des Todes in sein Licht.
Er sei dir gnädig im Gericht und gebe dir Frieden und ewiges Leben.

Lateinischer Sterbesegen, 8. Jahrhundert / EG 987

IN FRIEDEN GEHEN – PSALM 34,5

Noch eine kleine Weile, dann werdet ihr mich nicht mehr sehen; und abermals eine kleine Weile, dann werdet ihr mich sehen. Da sprachen einige seiner Jünger untereinander: Was bedeutet das, was er zu uns sagt: Noch eine kleine Weile, dann werdet ihr mich nicht sehen; und abermals eine kleine Weile, dann werdet ihr mich sehen; und: Ich gehe zum Vater? Da sprachen sie: Was bedeutet das, was er sagt: Noch eine kleine Weile? Wir wissen nicht, was er redet.

Da merkte Jesus, dass sie ihn fragen wollten, und sprach zu ihnen: Danach fragt ihr euch untereinander, dass ich gesagt habe: Noch eine kleine Weile, dann werdet ihr mich nicht sehen; und abermals eine kleine Weile, dann werdet ihr mich sehen? Wahrlich, wahrlich, ich sage euch: Ihr werdet weinen und klagen, aber die Welt wird sich freuen; ihr werdet traurig sein, doch eure Traurigkeit soll in Freude verwandelt werden. Eine Frau, wenn sie gebiert, so hat sie Schmerzen, denn ihre Stunde ist gekommen. Wenn sie aber das Kind geboren hat, denkt sie nicht mehr an die Angst um der Freude willen, dass ein Mensch zur Welt gekommen ist. Und auch ihr habt nun Traurigkeit; aber ich will euch wiedersehen, und euer Herz soll sich freuen, und eure Freude soll niemand von euch nehmen. An dem Tag werdet ihr mich nichts fragen. Wahrlich, wahrlich, ich sage euch: Wenn ihr den Vater um etwas bitten werdet in meinem Namen, wird er's euch geben.

Das habe ich mit euch geredet, damit ihr in mir Frieden habt. In der Welt habt ihr Angst; aber seid getrost, ich habe die Welt überwunden.

Johannes 16,16 – 23.33

Liebe Familie A., liebe Trauergemeinde!

Als ich den Herrn suchte, antwortete er mir und errettete mich aus aller meiner Furcht. (Psalm 34,5)

So haben Sie es über die Todesanzeige Ihres Mannes, J. A., gesetzt. Es ist ein Wort, dass das Leben und Sterben Ihres Mannes umschließt. Gesprochen, gebetet, durchlitten und erfahren, dass da ein Gott ist, der unser Rufen hört, uns hält und trägt, gerade auch über den Abgründen unseres Lebens.

Herr J. A. stammte aus Ostpreußen. Er wuchs in einer großen Familie auf einem Gehöft auf. Durch den Krieg verlor er seine Heimat, begab sich auf die gefährliche Flucht über das zugefrorene Haff, bis er in Norddeutschland ankam. Durch verwandtschaftlichen Kontakt kam er hierher in diese Gegend. Er war ein liebevoller, fürsorglicher Mann, der am Leben der Menschen um ihn herum gern Anteil nahm.

Eine schwere psychische Krankheit machte ihm jahrzehntelang das Leben schwer, manchmal fast unerträglich. Er war der Krankheit ausgeliefert, sie traf ihn zeitweise mit solcher Wucht, dass er in seiner Persönlichkeit verändert war. Er war einer und doch zwei. Viel Unverständnis begegneten ihm und seiner Familie in dieser Zeit. Menschen wandten sich von Ihnen ab und urteilten vorschnell.

Krank zu sein an der Seele bedeutet krank zu sein, zu leiden, auf Hilfe angewiesen zu sein. Immer wieder machte Herr A. auch die gute Erfahrung, dass ihm geholfen wurde: von der Familie, von Ärzten und Kliniken, vom Haus L. Die Jahre im Haus Z. waren eine gute Zeit für ihn. Dort fand er zu sich selbst zurück: dank guter Medikamente, dank des Rückhalts durch seine Familie, dank der Geborgenheit, die Schwestern und Pfleger ihm schenkten.

Am Sonntag war ihm bewusst, dass er noch an diesem Tag stirbt. Sie haben sich voneinander verabschiedet. Auf Ihren Wunsch haben wir miteinander im großen Kreis Abendmahl gefeiert. Herr A. war ganz bewusst und klar dabei. Eine Stunde später ließ er sein Leben los und starb. Wer so stirbt, der stirbt wohl. Er wurde von seinem Leiden erlöst.

Das Leben und Sterben von Herrn J. A. macht mich aufmerksam für seine Art und Weise, mit Leiden umzugehen. Die letzten Jahre waren für ihn gut, indem er dankbar war. Dankbar für die kleinen und großen Dinge, für Menschen, für den Himmel, für die Schöpfung. Zudem hatte er gelernt, Hilfe anzunehmen, seine Schwäche, seine Hilfsbedürftigkeit zu bejahen. Begleitet und ermutigt wurde er von seinem Glauben. Glauben verstehe ich als Ausdruck der Erfahrung, dass mein Leben getragen und geliebt ist – auch und gerade im Leiden, in der Dunkelheit, in schlimmster Krankheit.

> *Als ich den Herrn suchte, antwortete er mir und errettete mich aus aller meiner Furcht.*

Wir als Gesunde können wohl nicht erahnen, in welchen Tiefen sich Herr A. aufhielt. Doch einer war ihm nah in allen diesen Zuständen und Zeiten: der gekreuzigte und auferweckte Christus. Er war mit ihm – bis in sein Sterben hinein – so nahe wie Brot und Wein des Sakraments im Mund eines Sterbenden.

> *Als ich den Herrn suchte, antwortete er mir und errettete mich aus aller meiner Furcht.*

Darin ist Leben und Sterben aufgehoben. Darin ist die Hoffnung eingebunden, dass nichts und niemand uns von der Liebe Gottes trennen kann: kein Leben, kein Tod, keine Krankheit, keine Verachtung, denn Gott hält uns in seinen guten Händen – für immer. Amen.

Sei nun wieder zufrieden, meine Seele;
denn der Herr tut dir Gutes.
Denn du hast meine Seele vom Tode errettet,
mein Auge von den Tränen, meinen Fuß vom Gleiten.
Ich werde wandeln vor dem Herrn
im Lande der Lebendigen.
Wie soll ich dem Herrn vergelten
all seine Wohltat, die er an mir tut?
Ich will den Kelch des Heils nehmen
und des Herrn Namen anrufen.

Psalm 116 / EG 750, 1

Was ist dein einziger Trost im Leben und im Sterben?
Dass ich mit Leib und Seele im Leben und im Sterben nicht mir, sondern meinem getreuen Heiland Jesus Christus gehöre. Er hat mit seinem teuren Blut für alle meine Sünden vollkommen bezahlt und mich aus aller Gewalt des Teufels erlöst; und er bewahrt mich so, dass ohne den Willen meines Vaters im Himmel kein Haar von meinem Haupt fallen kann, ja, dass mir alles zu meiner Seligkeit dienen muss. Darum macht er mich auch durch seinen Heiligen Geist des ewigen Lebens gewiss und von Herzen willig und bereit, ihm forthin zu leben.

Heidelberger Katechismus (1563), Frage 1 / EG 856

Am Ende – Jesaja 53,4 – 5

Herr, lehre mich doch,
dass es ein Ende mit mir haben muss
und mein Leben ein Ziel hat und ich davon muss.
Siehe, meine Tage sind eine Handbreit bei dir,
und mein Leben ist wie nichts vor dir.
Wie gar nichts sind alle Menschen,
die doch so sicher leben.
Sie gehen daher wie ein Schatten
und machen sich viel vergebliche Unruhe;
sie sammeln und wissen nicht, wer es einbringen wird.
Nun, Herr, wessen soll ich mich trösten?
Ich hoffe auf dich.
Höre mein Gebet, Herr, und vernimm mein Schreien,
schweige nicht zu meinen Tränen;
denn ich bin ein Gast bei dir,
ein Fremdling wie alle meine Väter.
Lass ab von mir, dass ich mich erquicke,
ehe ich dahinfahre und nicht mehr bin.

Psalm 39 / EG 721

Liebe Familie L., liebe Trauergemeinde!

Wir stehen erschüttert vor diesem Sarg, traurig, ratlos, ängstlich, vielleicht schuldbewusst. Frau F. L. ist tot. Sie ist von uns fortgegangen – mit 52 Jahren lange vor ihrer Zeit. Ihr Platz bleibt leer. Das tut weh.

Sie hatte kein leichtes Leben. Seit ihrem 14. Lebensjahr hat sie gearbeitet, hatte sich Professionalität und Anerkennung als Küchenmeisterin erworben, liebte ihren Beruf und hätte gerne noch weiter den Menschen im Haus T. mit ihrer Kunst gedient. Die schwere Krebserkrankung hinderte sie daran, ihren Wunsch in die Tat umzusetzen. Ihre Krankheit hat sie tapfer getragen. Ich vermute, dass durch die vielen notvollen Erfahrungen von früher in Frau L. eine innere Stärke, ein Durchhaltevermögen gewachsen war, das ihr half, diese schweren Monate durchzustehen – ohne Gejammer, ohne Anklage.

Frau L. war aufgeschlossen gegenüber Neuem: das zeigte sich in ihrer Liebe zu den Kindern. Sie war damals bereit gewesen, ihre Heimat in der DDR zu verlassen, um hier im Westen neu anzufangen – unter denkbar schlechten Ausgangsbedingungen. Unfreundlichkeit und Misstrauen zu begegnen, blieben ihr nicht erspart. Für manche war sie ein unbequemer Mensch, weil sie ehrlich sagte, was sie dachte. Doch sie traf auch Menschen, die ihre Ehrlichkeit, ihren lebensfrohen Humor mochten. In den Wochen im Krankenhaus kamen viele sie besuchen, gedachten ihrer in Liebe und Treue. Es ist schön, dass Sie heute alle gekommen sind, um ihr das letzte Geleit zu geben.

Ein großer Wunsch hat sich nicht für Frau L. erfüllt. Sie wollte gerne noch eine Ballonfahrt machen, ruhig und schwebend die Erde von oben betrachten. Ich verstehe diese Ballonfahrt als ein Zeichen für die Sehnsucht, leicht zu werden, davonzufliegen, das Irdische hinter sich zu lassen; all das, was sich hier auf Erden so in den Vordergrund drängt, klein werden zu lassen, sich über

Krankheit und das Schwere zu erheben und einfach glücklich zu sein, wahnsinnig glücklich über die Schönheit der Erde, über den offenen Himmel, zu lachen und sich dem Unbekannten zuzuwenden. Von ihrem Krankenzimmer aus konnte sie die Ballons fliegen sehen – Vorboten ihrer letzten großen Reise. Frau L. wusste um ihr Sterben. Sie hatte ihr Testament gemacht, ihre privaten Dinge in Ordnung gebracht. Nun ist sie von uns gegangen, hat dieses Irdische hinter sich gelassen, nun sind ihre Schmerzen zu Ende.

Sie alle haben Frau L. gekannt, sind ihr begegnet, haben sie jeweils unterschiedlich erlebt. Es ist jetzt Raum, in der Stille noch einmal die Erinnerungen an Frau F. L. wachzurufen und ihrer zu gedenken.

Ich glaube, dass Frau F. L. jetzt dem begegnet, der sie in ihrer Taufe beim Namen gerufen hat. Der ihre Not kannte und der sie sichtbar und unsichtbar all die Jahre hindurch begleitet hat. Ich glaube, dass sie ihm begegnet, ihm, dem lebendigen Gott, dass ihr dabei die Augen übergehen vor Freude, vor Glück.

So spricht Gott, der Herr: Fürchte dich nicht, F. L., denn ich habe dich erlöst, ich habe dich bei deinem Namen gerufen, du bist mein. (Jesaja 43,1)

Amen.

Fürwahr, er trug unsre Krankheit und lud auf sich unsre Schmerzen. Wir aber hielten ihn für den, der geplagt und von Gott geschlagen und gemartert wäre. Aber er ist um unsrer Missetat willen verwundet und um unsrer Sünde willen zerschlagen. Die Strafe liegt auf ihm, auf dass wir Frieden hätten, und durch seine Wunden sind wir geheilt.

Jesaja 53,4 – 5

Was nützt uns die Auferstehung Christi?
Erstens: Christus hat durch seine Auferstehung den Tod überwunden, um uns an der Gerechtigkeit Anteil zu geben, die er uns durch seinen Tod erworben hat.
Zweitens: Durch seine Kraft werden auch wir schon jetzt erweckt zu einem neuen Leben.
Drittens: Die Auferstehung Christi ist uns ein verlässliches Pfand unserer seligen Auferstehung.

Heidelberger Katechismus (1563), Frage 45 / EG 856

Bibelstellenverzeichnis

Altes Testament

Neues Testament

Psalmen

Literatur- und Quellenverzeichnis

Die Bibel nach der Übersetzung Martin Luthers, revidierte Fassung 1984, durchgesehene Ausgabe in neuer Rechtschreibung, Stuttgart 1999.
Evangelisches Gesangbuch – Ausgabe Rheinland/Westfalen/Lippe = (EG)

1 Lewis, Clive S.: Über die Trauer. Ein Begleiter für schwere Stunden, Frankfurt a.M./Leipzig 1999.
2 Martin Luther, Ein Sermon von der Bereitung zum Sterben (1519), in: Martin Luther, Ausgewählte Schriften, hrsg. von Karin Bornkamm und Gerhard Ebeling, 2. Band, Frankfurt a.M., 2. Auflage 1983, S. 16.
3 Martin Luther, a.a.O., S. 16.
4 Dietrich Bonhoeffer, Widerstand und Ergebung. © Kaiser/Gütersloher Verlagshaus GmbH, Gütersloh.
5 Marie-Luise Kaschnitz, Die Mutigen wissen, aus: Gesammelte Werke, Bd. 5: Die Gedichte. © Insel Verlag Frankfurt a.M. 1985, S. 463.
6 Rainer Maria Rilke, Die Gedichte, Frankfurt/Main 13. Auflage 2002.
7 Martin Luther, a.a.O., S. 16 f.
8 Martin Luther, a.a.O., S. 34.
9 Marie-Luise Kaschnitz, Ein Leben nach dem Tode, aus: Gesammelte Werke, Bd. 5: Die Gedichte. © Insel Verlag, Frankfurt a.M. 1985, S. 504.
10 Hilde Domin, Ziehende Landschaft, aus: dies., Gesammelte Gedichte. © S. Fischer-Verlag GmbH, Frankfurt a.M. 1987.
11 Dietrich Bonhoeffer, Widerstand und Ergebung. © Kaiser/Gütersloher Verlagshaus GmbH, Gütersloh.
12 Rainer Maria Rilke, Die Gedichte, Frankfurt a.M. 13. Auflage 2002.
13 Hilde Domin, Es knospt, aus: dies., Gesammelte Gedichte. © S. Fischer-Verlag GmbH, Frankfurt a.M. 1987.